Les Prophéties de Sanctus Germanus

Tome 1

Les évènements d'ici 2012

Par

Michael P. Mau
l'Amanuensis

La Fondation Sanctus Germanus
www.sanctusgermanus.net

Les Prophéties de Sanctus Germanus Tome 1

©Copyright 2003 La Fondation Sanctus Germanus. Tous droits réservés pour tous pays.
Première édition en anglais en 2003 publiée par Arberton International Ltd. sous le titre « Beyond Armageddon ».

La Fondation Sanctus Germanus affirme le droit d'auteur en tant que représentant officiel de l'auteur selon la loi qui régit le droit d'auteur, « Copyright, Designs, and Patents Act of 1998 ». Toute reproduction, entreposage ou transmission, même partielle, du présent ouvrage, sous orme de textes imprimés, de photocopies ou de tout autre moyen informatique, électronique ou mécanique ne peut être réalisé sans l'autorisation écrite de l'éditeur.

Pour achetez des copies supplémentaires de ce livre, consultez: www.arberton.com

Library and Archives Canada Cataloguing in Publication Mau, Michael P.
Les Prophéties de Sanctus Germanus Tome 1: Les évènements d'ici 2012 -- 3rd ed.
ISBN 978-0-9784835-7-9
1. Vingt-et unième siècle -Périvions. 2. Mouvement du Nouvel Âge
I. Fondation Sanctus Germanus. II. Titre.

CB161.M37 2004   303.49'09'05
C2004-907016-9

Traduit de l'anglais par Micheline Ralet;
Révision de texte par Réjean Légaré.

Sanctus Germanus signifie le Frère Saint, un des noms du Maître de la Flamme Violette de la Fraternité de Lumière.

La Fondation Sanctus Germanus
Division d'Édition
Alberta, Canada

Message de la Fraternité de Lumière

Enfants bénits de la Terre, par l'entremise de ce livre nous portons votre attention sur quelques évènements cosmiques qui vont bientôt se manifester. Nous tenons à ce que vous puissiez comprendre et prendre à cœur ce que nous vous présentons, sachant que cette information vous est communiquée par amour. Ce n'est pas écrit pour vous faire peur, mais plutôt pour vous apprêter à ce qui va inévitablement se produire sur le plan terrestre. Ceux qui apprendront et digèreront cette information d'avance seront prêts car vos guides spirituels sont disposés à vous venir en aide en cas de danger ou de difficulté. Ceux qui choisissent d'ignorer cette information auront besoin de votre compassion lorsqu'ils se trouveront sous le nuage noir de l'Armageddon.

Ce qui peut vous sembler être de mauvaises nouvelles peut tout aussi bien être perçu comme étant des bonnes nouvelles dans le contexte plus large d'un grand ménage cosmique. À ceux qui comprennent ce qui se passe, nous vous demandons de tenir bon à travers toute cette époque. Poursuivez le chemin raide à flanc de montagne. Endurez les difficultés tout en gardant une vision éclairée de ce qui vous attend. Lorsque vous atteindrez le sommet, ah, quelle gloire lorsque vous apercevrez l'autre côté! C'est promis.

Nous, de la Fraternité de Lumière sommes prêt à venir en aide à chacun. Faites appel à nous, et nous nous arrangerons pour répondre au plus profond de votre âme. Sondez profondément votre Moi intérieur, cherchez le prélat en vous et communiquez avec nous. Nous vous abordons par le Moi intérieur. Au fur et à mesure que vous ressentirez notre présence, nous vous prendrons par la main pour vous ramener au monde extérieur des illusions, muni d'une perspective entièrement différente. Nous sommes à l'aube de l'Âge du Verseau; à l'aube du soleil intérieur.

La Fraternité de Lumière

Table des Matières

Préface 9
Chapitre 1 15
La réintégration des énergies féminines 15
   Schéma de notre cycle actuel sur la Terre 17
   Origines cosmiques de la Grande Fraternité .. 19
   Origines cosmiques des Forces des ténèbres .. 21
   Le mouvement du « JE SUIS » 23
   La dernière phase de ce Cycle 26

Chapitre 2 27
La Grande Fraternité de Lumière 27
   Révélations récentes de la Fraternité 27
   Retraite tactique de la Fraternité 30
   La Hiérarchie, une réalité cosmique 31
   Structure interne du gouvernement mondial. 32
   Les Maîtres de Sagesse 34
   Gouverner selon le Plan Divin 36
   Extériorisation de la Hiérarchie Spirituelle ... 37

Chapitre 3 43
Les forces des ténèbres aujourd'hui 43
   Pourquoi les frères ignorants s'incarnent sur Terre 45
   Thèmes atlantes des forces des ténèbres 47
   Vagues d'incarnations du Plan Astral 50
   Influence télépathique sur Terre 52
   Disséminer la confusion 54
   Les agents des forces des ténèbres sur le plan terrestre 55
   Convertir les humains en moutons 60
   Les forces des ténèbres parmi nous 64

Chapitre 4 ....**71**
  Contrôle des états nations **71**
    Détournement des revenus de taxes 74
    Bureaucratie : canaliser les revenus d'impôts78
    Bureaucratisation du monde................................81
    Espiègleries des énormes bureaucraties 84
    Priorités détournées..87
    Invention bureaucratique : un instrument ténébreux...88
    Vente des pays : la dette nationale....................92

Chapitre 5 ....**99**
  Le pillage du secteur privé..................................**99**
    Trois chocs du pétrole brut...............................100
      Premier choc..100
      Second choc 101
      Troisième choc 102
    Le Pillage des économies du peuple 103
    Le grand plan Ponzi des années 1990 104
    Maisons de courtage à la bourse 105
    Les Fonds mutuels : groupes sans réglementation pour séduire les réticents 106
    Le mythe des pertes boursières........................111
      1. Voleurs corporatifs 112
      2. Dette corporative 115
      3. Dérivés : Le trou noir.................................116
    Fusions et acquisitions..118
    Les fonds mutuels : L'ultime trou noir 120
    La fin est proche...121
    L'autre monde..123
    La mort lente et agonisante du dragon..........125
    Le prix du consentement 127

Chapitre 6 ....**129**

Les maîtres de guerre..**129**

Table des Matières

Les guerres – planifiés et orchestrés 131
La guerre à tout prix 133
Le triomphe ultime de la Lumière 138
Note sur la maladie et la peste 139

Chapitre 7 .... **141**
L'Armageddon: processus de filtrage cosmique.... **141**
  Le processus de filtrage 142
  Victoire au niveau des « hautes sphères »... 143
  L'accélération de l'évolution de la Terre 143
  Effets généraux de l'accélération 145
  Manifestations malignes de l'accélération.... 147
  Dépossession macro-économique 149
  Dépossession pour changer l'humanité 152
  Les bureaucraties menacées et la guerre 153
  Suggestions pratiques 156
    Comment réagir face à la folie 156
    Question d'argent 158
    Méditation 160

Chapitre 8 .... **163**
  L'an 2012 163
  Serviteurs de la Lumière 165
  Accélérer le processus mais ne pas l'éviter.. 167

Chapitre 9 .... **169**
  Période de Reconstruction 169
  Constitution du Nouveau Monde 171
  L'union du nouveau monde 171
  La disparition de l'état 173
  La loi de la Hiérarchie 174
  L'Instructeur Mondial apparaît en 2020 175
  Retour au sein de la Terre 179
  Les villes ne domineront plus 181
  Hypothèse de structure de groupe 183

Résidu de résistance humaine 184
Changements transitoires 186
Résolution à la faim 186
Le système bancaire 187
Pertinence des beaux-arts 189
Changements géologiques 189

Post-scriptum **191**

Préface

Le premier janvier 2001, les énergies féminines latentes en toutes choses commencèrent leur intégration accélérée avec les énergies dominantes masculines de l'humanité. Cet événement profond et intense durera plusieurs décennies et amènera des changements indescriptibles sur le plan terrestre puisque chaque fois que le « neuf » doit remplacer le « vieux », il y a remous; nous sommes destinés à vivre ces expériences dans les années qui précèdent 2012 et au-delà.

L'année 2012 est déjà inscrite dans la conscience collective comme étant la fin du cycle courant de deux mille ans, une ère où les énergies masculines ont dominé la vie sur Terre. Lors d'une transition cosmique d'une époque à une autre, celle-ci est toujours accompagnée par un bouleversement physique et mental laissant la voie libre aux nouvelles énergies qui prennent place. Ainsi, la décennie tumultueuse qui précède 2012 va mettre à l'épreuve la résolution de l'homme au fur et à mesure que les énergies masculines qui résident parmi certaines Forces des ténèbres s'engagent dans leur lutte finale dans une tentative désespérée de s'accrocher à leur régime actuel de gains monétaires et de guerres. En termes bibliques, cette bataille est connue comme le redoutable et effroyable Armageddon. Toutefois, 2012 ne marque pas la fin du monde tel qu'on le prédit souvent mais plutôt la naissance d'un Âge d'Or, communément connu sur le plan physique et dans les royaumes éthériques comme l'Âge du Verseau.

Nous basons notre opinion sur la sagesse immémoriale des Maîtres de la Grande Fraternité de Lumière. Ils nous ont assuré que l'Armageddon est à la veille de se produire et que sa fonction n'est pas d'annihiler le monde mais plutôt d'éliminer les forces du mal et de faire place à la réintégration des énergies féminines avec les énergies masculines. Lorsque ce nettoyage sera effectué, les bons et les innocents resteront sur Terre et connaîtront l'Âge d'Or du Verseau, caractérisé par l'équilibre parfait des énergies féminines et masculines.

Ainsi, c'est à travers ce livre qu'un des Grands Maîtres de la Fraternité de Lumière, le Maître Sanctus Germanus, le hiérarque de l'Âge du Verseau, nous a demandé de vous informer des indices et des événements menant à l'année 2012 et au-delà. Plusieurs se demanderont si durant cette période le monde entier n'est pas devenu fou car au fur et à mesure que les énergies féminines réintègrent tous les niveaux et tous les secteurs de la société, les énergies négatives reliées aux énergies masculines seront expulsées de la Terre. L'humanité sera à nouveau rééquilibrée et pourra reprendre son merveilleux voyage évolutif et ascensionnel vers l'illumination.

Préface

Pour nous aider à traverser cette période difficile, l'esprit des Maîtres de Sagesse de la Grande Fraternité de Lumière est présent, à la portée de la Terre en tout temps mais sur un autre plan. Ils se matérialisent parfois physiquement pour communiquer avec leurs initiés ou leurs disciples ou pour transmettre leurs messages par l'intermédiaire de médiums comme ils l'ont fait à travers les temps. De grandes œuvres spirituelles par le passé proviennent de telles communications télépathiques qui ont encore lieu de nos jours.

La Fraternité exerce aujourd'hui son influence sur la pensée des écrivains, musiciens, hommes de sciences, philosophes, politiciens, banquiers et nombreux autres dans tous les domaines comme ils l'ont fait depuis des millénaires. Sa mission à travers les âges a été d'élever et d'augmenter l'intellect de l'homme jusqu'au point où nous nous trouvons actuellement. Plusieurs des grands Êtres de Lumière de l'histoire de l'homme ont choisi de se réincarner aujourd'hui dans le but d'aider l'humanité à traverser cette transition et nombreux sont capables de communiquer télépathiquement avec les Maîtres de la Fraternité. C'est par ce livre-ci et bien d'autres que les Maîtres de la Fraternité espèrent communiquer leurs points de vues aux esprits ouverts sur Terre.

Ce n'est que récemment durant cette incarnation que j'ai pris connaissance de la Grande Fraternité de Lumière quoique dans mes vies antérieures, j'ai fait partie des leurs. Mon but principal jusqu'à ce que je rejoigne mes Frères, était d'apprendre le plus possible le fonctionnement de ce monde. J'ai reçu une éducation normale dans les universités américaines et européennes, j'ai appris la méthode logique et le raisonnement scientifique du questionnement. Plus tard, j'ai appliqué ces connaissances à une carrière internationale de diplomate, d'assistance aux pays en voie de développement et en affaires, le tout m'ayant permis de voyager librement jusqu'aux endroits les plus éloignés du monde.

Lorsque j'ai repris mon association avec la Fraternité, certains Maîtres, sous la direction du Maître Sanctus Germanus réactivèrent mon habileté à communiquer télépathiquement avec eux. C'est par ce canal de communication que j'ai écrit ce livre.

La bataille finale entre la lumière et les ténèbres, l'Armageddon, est en cours. D'ici la fin de cette décennie, les piliers financiers, méticuleusement dressés par les Forces des ténèbres, s'effondreront, entraînant l'humanité dans une profonde dépression économique; il semblerait que l'humanité n'acquiescera la vérité que du fond du puit du désespoir. Les Forces des ténèbres vont jouer leur dernière carte qui déclenchera une autre guerre mondiale à moins que le monde prenne les moyens de les arrêter. Cette bataille finale touchera chaque aspect de la société – depuis les relations familiales jusqu'aux alliances internationales - et tous, nous vivrons cette folie, d'une façon ou de l'autre.

Dans ce livre, nous espérons mettre la folie de l'Armageddon dans son contexte, vous montrer comment se déroulera cette décennie de grande agitation et comment se présentera l'avenir lorsque

Préface

la victoire sera entre nos mains. Nous avons confiance que lorsque vous vous rendrez compte à quel point les Forces des ténèbres vous ont dérobé de vos richesses et de vos droits, vous serez reconnaissants que le temps de l'Armageddon soit arrivé car tout peut être beaucoup mieux que ce ne l'est actuellement.

Nous vous présentons ces idées comme matière à réflexion. Nous ne cherchons pas à argumenter, à vous convaincre ou à vous faire accepter ces idées. Nous espérons simplement soulever certaines questions et vous présenter une façon différente, toutefois très plausible, de regarder ces événements mondiaux. Notre point de vue est souvent en contradiction directe avec celui que le monde des médias vous présente communément et peut sembler difficile à avaler. Nous allons soulever des questions concernant le terrorisme, la guerre, la dette nationale, la taxation, la bureaucratie et le marché boursier dans le contexte de cette période de l'évolution de la Terre. Ce faisant, nous espérons expliquer la raison d'être de l'Armageddon et comment cela nous amènera à l'Âge d'Or, évènements que la Terre n'a jamais connu. Accrochez-vous! Nous sommes engagés dans un rude voyage mais la gloire et la lumière au bout du tunnel en valent la peine.

Michael P. Mau, PhD.
l'Amanuensis

Les Prophéties de Sanctus Germanus Tome 1

Chapitre 1

La réintégration des énergies féminines

Le 1er janvier 2001, tel que prévu au calendrier cosmique de la Terre, l'énergie féminine a commencé à réintégrer chaque âme de l'humanité sur le plan terrestre. Les énergies masculines ont réagi avec violence. L'attaque terroriste du World Trade Center à New York, la guerre en Afghanistan et la guerre en Irak s'enflammaient tandis que des conflagrations régionales faisaient rage au Congo, sur le sous-continent Indien, au sud-est Asiatique, au Moyen Orient et en Amérique du Sud. D'autres conflagrations et effervescences sont à prévoir au fur et à mesure que la réintégration continue.

Est-ce la prise de pouvoir d'une énergie par rapport à une autre? La réponse est nettement « non ». L'énergie féminine cherche à rétablir son *équilibre* avec l'énergie masculine, la seule avenue pour arriver à réaliser la « paix sur Terre et bonne volonté envers les Hommes ». Cette énergie ne cherche pas à dominer puisque tout déséquilibre, soit masculin, soit féminin, ne ferait que prolonger ce voyage haineux.

La réaffirmation de l'énergie féminine requiert que les énergies masculines et féminines s'équilibrent à l'intérieur de chaque individu, hommes ou femmes. Personne ne sera épargné, ce qui explique pourquoi les perturbations que nous allons traverser et connaître pendant ces prochaines années éprouvantes vont imposer aux familles, aux mariages, aux relations, aux partenariats, aux gouvernements et aux nations, de réévaluer, de changer et d'absorber ces nouvelles énergies. Alors que les structures hiérarchiques traditionnelles s'ébranlent et que les relations s'effritent, les remous et les réajustements aux changements constants règnent, laissant émerger des individus plus équilibrés et prêts à reconstruire un monde de paix et d'harmonie.

Dans ce livre, nous expliquerons 1) comment les énergies masculines en sont venues à dominer la Terre sous la forme de Forces des ténèbres, 2) comment ces énergies dominantes masculines vont se battre désespérément jusqu'à la fin causant ravages et destructions sur Terre durant la prochaine décennie, 3) comment l'issue de cette bataille est déjà prédéterminée, 4) et comment nous refermerons la boucle avec la réémergence d'un Nouvel « Âge » du Verseau lorsque l'équilibre sera rétabli.

En plus de la réintégration féminine, les choses seront agitées par l'accélération du temps qui occasionnera une rapidité de changements sans précédent; en entraînant certains à la démence. Mais pourquoi ne pas se débarrasser de cette situation malsaine le plus tôt possible?

La réintégration des énergies féminines

Schéma de notre cycle actuel sur la Terre

Lorsque Dieu ou le Créateur expire, des étincelles de toutes sortes d'énergie se dispersent à travers ce coin-ci de l'univers. Conformément au Plan Divin, certaines étincelles voyagent des millions d'années avant de prendre leurs positions dans l'espace créant ainsi des systèmes solaires avec planètes, lunes et habitants. « L'expiration » du souffle du Créateur représente ainsi la grande création dans une multitude de formes.

Lorsque le Créateur inspire, toutes les étincelles d'énergie sont aspirées vers lui. Le mouvement de retour prend des millions d'années et chaque étincelle doit retrouver son chemin à son propre rythme. Ainsi, nous avons un cycle « d'inspiration » et « d'expiration » du souffle de Dieu qui prend des millions et des millions d'années pour s'accomplir.

La boule de feu qu'est la Terre trouva sa destination il y a plusieurs centaines de millions d'années dans ce coin particulier de l'espace. Après s'être refroidie, le Créateur y sema la graine de la vie humaine, l'ADN qui devait se développer et former des êtres de plus en plus complexes. Tandis que ces formes de vie évoluèrent en des formes plus avancées, capables d'accueillir l'esprit d'une vibration plus élevée, le Grand des Jours Anciens, Sanat Kumara, arriva sur Terre avec un entourage d'esprits évolués qui prirent corps et forme de vie et commencèrent à se propager et former une race plus avancée.

La grande civilisation de la Lémurie s'érigea de cet effort. Helena Blavatsky, dans son oeuvre « *La doctrine secrète* » prit connaissance de la Lémurie à partir du « *Livre de Dzyan* » que lui montrèrent les Maîtres de Sagesse ainsi que des documents sanskrits faisant référence à l'ancien continent. La plupart des écoles occultes reconnaissent que la Lémurie était un gigantesque continent localisé dans l'océan Pacifique dont les restes se situent dans les îles du Pacifique, incluant la chaîne des îles Hawaïenne, l'île de Pâques, les Fiji ainsi que le sous-continent Australien. Certaines spéculations l'étirent même jusqu'en Inde, unissant le sous-continent avec l'Australie.

Selon Blavatsky, les Lémuriens provenaient de la troisième race-mère de la Terre, dont la caractéristique première dans les premiers temps était l'équilibre parfait des vibrations féminines et masculines. Cet équilibre expliqua l'absence de conflits et une existence empreinte de paix et d'amour. Les Lémuriens étaient androgynes, des êtres ovipares avec un troisième œil leur donnant des pouvoirs psychiques naturels et l'habileté de communiquer par télépathie.

Durant la dernière partie de la civilisation Lémurienne, l'équilibre fragile entre les énergies masculines et féminines se rompit, entraînant les Lémuriens vers une évolution des deux sexes. La découverte des relations sexuelles entraîna très vite le déclin de la civilisation et la civilisation entière fût décimée lors d'une grande inondation qui survint il y a approximativement 24 500 ans.

La Lémurie en déclin, une autre civilisation, l'Atlantide apparût sur un large continent là où se situe actuellement la plus grande partie de l'océan Atlantique. Même si les Atlantes étaient divisés entre sexes séparés, males et femelles, il existait néanmoins un équilibre entre ces deux énergies, équilibre qui permit initialement à la civilisation de s'épanouir. Comme nous le verrons dans les chapitres suivants, cet équilibre sera compromis en faveur des énergies masculines qui s'emparèrent de l'aspect technologique de la civilisation pour opprimer le peuple en adoptant une culture de guerre et d'argent. Ceci entraîna l'ultime déclin de l'Atlantide lorsque le continent sombra dans la mer.

En dépit de la chute de l'Atlantide, les âmes portant l'énergie dominante masculine Atlantes continuèrent de réincarner dans les civilisations de l'ancienne Égypte et de la Grèce, en Inde, en Europe, en Afrique, en Chine et jusqu'à notre civilisation moderne d'aujourd'hui. Ceci explique pourquoi notre civilisation est actuellement marquée par des conflits à tous les niveaux de l'existence et par la domination de l'argent.

Origines cosmiques de la Grande Fraternité

La Grande Fraternité de Lumière, sous la direction du Logos Planétaire, Sanat Kumara, fût créée pour surveiller l'évolution de l'humanité à travers les temps.

À travers l'histoire de ces civilisations, des entités hautement évoluées venant d'autres planètes furent envoyées sur Terre pour guider la planète et ses habitants. Ces entités avancées apportèrent l'ADN initial à partir duquel l'humanité d'aujourd'hui a évoluée. Ils observèrent l'évolution de l'humanité et recrutèrent les âmes qui avaient expérimenté à travers d'innombrables incarnations sur Terre; celles-ci reçurent l'enseignement qui permettrait par après à ces âmes de les remplacer comme guides cosmiques pour la Terre.

Ces disciples évoluèrent plus rapidement que le reste de l'humanité. Ils eurent accès à un corps plus éphémère lors de leur ascension dans les dimensions supérieures de l'évolution où ils devinrent Maîtres. Certains de ces Maîtres ont atteint un degré de perfection si élevé qu'ils peuvent visiter d'autres planètes plus avancées, telle Venus, planète jumelle de la Terre, et bien au-delà. Plutôt que de se diriger vers des niveaux d'évolution plus élevés, d'autres Maîtres choisirent de rester sur le plan terrestre dans le but de faire avancer l'évolution de l'humanité.

Depuis de nombreux millénaires, ces entités très évoluées forment un noyau connu sous le nom de Grande Fraternité de Lumière dont la mission était et demeure celle de guider l'humanité dans son évolution sur le chemin du retour vers le Créateur. Ces Maîtres travaillent sur les plans intérieurs et coordonnent leurs activités avec les Grands Êtres cosmiques et solaires qui guident l'évolution de la planète Terre. Ayant évolué de façon plus rapide, la Grande Fraternité de Lumière forme dans un sens l'avant-garde de la race humaine, le prototype, le modèle de ce que nous deviendrons dans l'avenir.

La réintégration des énergies féminines

Origines cosmiques des Forces des ténèbres

Ce qui est particulier à la Terre c'est qu'elle se trouve dans la zone de libre arbitre de l'univers, et en tant que tel, peut attirer des entités d'autres planètes qui ont échoué ou qui ont choisi de ne pas évoluer au sein de leur propre population. En d'autres termes, des rejets venant d'autres évolutions planétaires peuvent choisir d'habiter la Terre pour parfaire leur salut. Selon la Loi d'Attraction, ces rejets provenant d'autres évolutions se trouvent à peu près au même degré d'évolution que nous sur Terre.

Plusieurs de ces rejets datent du temps de l'Atlantide. Comme notre présente civilisation a atteint le même niveau d'évolution que l'Atlantide lors de sa destruction, ces rejets atlantes ont attendu, sur le plan astral, le moment propice pour rejoindre la Terre. Étant partiellement responsables de la chute de l'Atlantide, ils ont maintenant trouvé asile dans notre propre civilisation.

Certains, en rémission durant tout ce temps, ont rejoint la Terre pour découvrir le chemin de la rectitude et de la Lumière. Toutefois, plusieurs se sont cramponnés à l'ancienne voie atlante et forment aujourd'hui le noyau de ce que nous appelons les Forces des ténèbres sur Terre. Ceux-ci, plongés dans les ténèbres ont pris en otage les dirigeants spirituels les plus évolués de l'Atlantide et se sont emparés de la structure de pouvoir. Ils expérimentèrent les arts martiaux et le système monétaire en vue de subjuguer une grande partie de la population atlante. En définitive, leurs méthodes causèrent l'effondrement ultime de l'Atlantide.

Aujourd'hui, ils s'incarnent en hommes ou en femmes et se mêlent aux âmes innocentes de la Terre, créant ainsi un amalgame hétérogène inégalé ailleurs dans notre système solaire. À cause de leur présence sur Terre, nous vivons depuis des siècles des conflits qui contrecarrent toute intention de l'humanité de rester sur la voie Divine de l'évolution. A travers ce vingtième siècle tumultueux, nous avons connu les Adolf Hitler, Joseph Staline et les généraux de l'empereur Hirohito, massacrer des humains pour subjuguer les populations de la Terre. D'autres ont engagé des génocides et des nettoyages ethniques d'une envergure époustouflante qui dépasse l'esprit humain décent.

Aujourd'hui, leurs semblables existent en grand nombre. Certains s'engagent de sang froid dans des activités aussi impitoyables que celles des générations précédentes. D'autres, revêtant l'habit de moutons, utilisent des tactiques plus subtiles pour exploiter la faiblesse humaine et la réduire graduellement à l'esclavage.

Le projet du Maître Sanctus Germanus

La Grande Fraternité de Lumière dirigera la réintégration des énergies féminines en vue d'éliminer de la Terre les Forces des ténèbres avant qu'elles ne pénètrent le Nouvel Âge du Verseau. Ces Forces des ténèbres ne partiront pas sans se battre.

Depuis quelques décennies, la ligne finale du conflit a été tirée et les forces de la Grande Fraternité de Lumière, sous les auspices et la

La réintégration des énergies féminines

direction du Grand Maître Sanctus Germanus, sont maintenant parées au combat sur le plan terrestre. De nombreuses grandes âmes évoluées de l'histoire ou associées de la Fraternité ont choisi de se réincarner sur Terre à ce moment précis afin de se battre pour l'humanité.

L'issue en est déjà déterminée car cette fois-ci, les forces de la Lumière domineront et les forces des ténèbres seront bannies à tout jamais du plan terrestre, permettant ainsi un équilibre entre les forces masculines et féminines.

Voilà pourquoi l'Armageddon n'est pas la fin d'un monde, mais plutôt une purge des influences malfaisantes à travers la réintégration des énergies féminines. La mise en scène de l'Armageddon donnera le ton au nouvel Âge d'Or et la Terre reprendra sa voie sur le chemin évolutif menant au Créateur.

Le mouvement du « JE SUIS »

Sachant très bien que ceux qui sont sur Terre seraient engagés dans ce combat final, le Grand Maître Sanctus Germanus a introduit le mouvement « JE SUIS » dans les années 30. Il a rappelé aux sociétés de l'ouest l'enseignement des théosophes d'il y a une cinquantaine d'années ainsi que de l'enseignement des bouddhistes depuis des siècles: à l'intérieur de chacun de nous réside une « parcelle » du créateur et telle la goutte d'eau de l'océan qui partage les mêmes qualités que l'océan lui-même, chacun d'entre nous est donc un dieu ou une déesse.

Cette différenciation avec les autres théologies de l'ouest a imprégné la plupart des pensées du mouvement du Nouvel Âge, qui, malgré les défauts dans la façon dont l'information a été disséminée, sa vérité reste intacte. L'enseignement du "JE SUIS" est un cadeau de Dieu et de la Fraternité qui permet à l'humanité de surmonter les conflits et les adversités de cette période transitoire. Ce n'est pas par accident que les révélations les plus marquantes soient dévoilées à l'époque de l'entre deux grandes guerres mondiales.

Plusieurs Maîtres de la Grande Fraternité de Lumière qui surveillent cette bataille « viennent des rangs » de l'école tortueuse de la Terre. Leur exemple sert à illustrer un point majeur dans le plan évolutif : chaque âme individuelle peut décider d'accélérer son évolution. L'âme individuelle n'a pas besoin de se conformer au rythme lent de l'évolution de la masse de l'humanité. Ces adeptes ou entités de Lumière qui vivent parmi nous sont des âmes qui ont brisé le lien d'affiliation avec le reste de l'humanité et qui ont choisi de suivre le rythme accéléré de l'évolution. Comment est-ce possible?

Parmi les milliards d'âmes envoyées sur Terre, il n'y en a pas deux pareilles et de ce fait, il n'y a pas deux individus pareils. Même les jumeaux identiques possèdent deux âmes différentes ce qui explique leurs différences de personnalité. Certaines âmes évoluent plus rapidement que d'autres. Certaines auront plus d'incarnations et auront passé plus de temps sur Terre que d'autres.

Ces différences évidentes expliquent pourquoi certaines âmes sont spirituellement plus évoluées que d'autres. La loi du libre arbitre sur la Terre permet à l'âme de prendre ses propres décisions concernant son évolution de retour vers le Créateur. En d'autres termes, certaines âmes choisissent la voie rapide alors que d'autres prennent tout leur temps.

Certains individus deviennent si imprégnés des plaisirs et des souffrances matériels de la Terre qu'ils choisissent de ne pas suivre le chemin de l'évolution. Puisque les Forces des ténèbres se sont emparées des médias et propagent leurs visions à court terme sur la vie, ils attirent dans leurs rangs les innocents et les faibles d'esprit. Ceux-ci deviennent des proies faciles et des instruments pour les Forces des ténèbres principalement sous la forme de rejets, de boucs émissaires ou de criminels minables dont la fonction première est de divertir l'attention du public pendant que les Forces des ténèbres commettent des crimes encore plus grands et plus haineux contre l'humanité. Ceci n'est naturellement qu'une condition temporaire puisque ultimement tous devront suivre la Voie, même si le processus prendra des millénaires pour s'accomplir.

Ceux qui choisissent consciemment le chemin de la Lumière doivent apprendre à connaître la présence divine dans leur fort intérieur, le « JE SUIS », leur âme. Ceux-ci seront assurés d'être protégés durant ces temps tumultueux; l'équilibre des aspects féminin et masculin de l'âme est réaffirmé.

Lorsqu'une personne se rend compte que la présence « JE SUIS », l'âme, parfaitement équilibrée dans ses énergies féminines et masculines, est l'étincelle d'énergie qui l'unit directement à Dieu le Créateur, elle ressent le besoin de l'appeler, de l'adorer, de la reconnaître et de lui exprimer sa reconnaissance. Elle se rend compte que cette Présence magique de l'âme en parfait équilibre est le cadeau parfait, le Dieu, le Soi à l'intérieur de l'individu. Nous devons nous remettre constamment à cette grande présence « JE SUIS » et lui exprimer quotidiennement notre gratitude pour tout ce qui émane d'Elle. Lorsque nous communions avec Elle, souvent en méditation, nous pouvons demander qu'Elle inonde le monde de toute sa perfection et, ce faisant, les forces de la lumière balaient systématiquement toutes bêtises, aveuglements, folies humaines, et tout le mal qui entoure nos vies. Ceci est analogue à David qui abat Goliath dans la bataille de l'Armageddon auquel nous faisons face.

La dernière phase de ce Cycle

Alors que le Cosmos procède par cycles, nous nous trouvons aujourd'hui à proximité de la fin de la boucle, au même endroit dans le grand cycle où s'est entamé notre voyage vers la Source avec l'inspiration du souffle de Brahmâ tel que décrit ci haut. Ce voyage inclut, entre autre, retrouver l'équilibre entre les énergies féminines et masculines, propre aux Lémuriens. Dans les années à venir, l'homme parviendra à la réintégration, créant ainsi l'Âge d'Or de la paix et de la prospérité.

Chapitre 2

La Grande Fraternité de Lumière

La Grande Fraternité de Lumière mène la bataille finale du côté de la lumière. Plutôt que d'user des stratégies militaires que nous observons sur le plan terrestre, la Fraternité travaille au niveau de l'âme de chacun d'entre nous. C'est pourquoi, chaque âme sur terre doit faire un choix à un certain moment pendant cette période : quel côté va-t-elle choisir: celui de la Lumière ou celui des Ténèbres?

Révélations récentes de la Fraternité

À la fin du dix-neuvième siècle, Helena P. Blavatsky et Henry Steel Olcott, tous deux spiritualistes représentatifs de la Grande Fraternité de Lumière, fondèrent la Société Théosophique en 1875; leurs écrits révélèrent l'existence d'un groupe d'Êtres très évolués qui jouent un rôle principal dans l'évolution de la Terre. Ils soulignèrent que la Fraternité n'est pas une organisation religieuse et n'appuie aucune religion en particulier.

Son influence marque chaque religion, chaque dieu ou déesse vénérée, chaque évènement historique majeur, chaque tendance artistique, chaque mouvement politique ou social. De grands esprits tel que le Maître Jésus, le Maître Gautama Bouddha, le prophète Mahomet, et le Maître Confucius ont tous été des incarnations d'Êtres hautement évolués de la Fraternité.

Dans les premières heures du mouvement théosophique les Maîtres de la Fraternité s'incarnèrent pour communiquer directement en personne ou par lettre précipitée avec les membres de la Société Théosophique. Ceci ne représentait rien de nouveau pour les peuples de l'Inde et de l'Extrême Orient y compris la Chine et le Japon, qui, des siècles durant, vénérèrent et adorèrent plusieurs adeptes de la Fraternité qui se promenèrent parmi eux.

La révélation en Occident de l'existence et de l'influence de la Fraternité causa tout un émoi parmi les intellectuels. Les intellectuels victoriens exigèrent des preuves solides et scientifiques de leur existence. Cependant, même quand les « *Lettres du Mahatma* », célèbres épîtres de sagesse provenant des Maîtres eux-mêmes, furent mises à la disposition de certaines personnes, on les déclara fausses. Les chrétiens considérèrent la Théosophie comme une hérésie et la condamnèrent, les enseignements des Maîtres comme philosophies païennes un blasphème des plus extrêmes. Même les spiritualistes, qui communiquaient régulièrement avec les âmes trépassées, pensèrent que toutes ces discussions de contacts avec les Maîtres frôlaient la folie.

Toutefois, le Mouvement Théosophique poursuivit son chemin sous la conduite des Grands

Maîtres Kuthumi et El Morya. Son cofondateur, le Colonel Henry Steel Olcott décrivit la Grande Fraternité de Lumière comme suit :

> « Il y a, et il y a toujours eu, à travers le monde, une seule alliance altruiste ou Fraternité d'anciens Frères de l'humanité, divisée en groupes pour répondre au besoin de la race humaine dans ses étapes successives d'évolution. A une époque, l'aide est focalisé à un certain endroit. À une autre époque, elle sera ailleurs. Invisible et soupçonné d'être le courant vital de l'Akash, toutefois indispensable pour le bien-être spirituel de l'humanité, leurs énergies divines combinées sont maintenues d'époque en époque et à tout jamais ravivent les pèlerins de la Terre qui luttent vers une réalité divine. Le sceptique nie l'existence de ces Adeptes parce qu'il ne les a pas vus, ne leur a pas parlé, n'a pas lu, dans les événements nationaux, l'histoire de leur interférence visible. Durant plusieurs générations successives, ces Êtres furent bien connus de milliers de mystiques illuminés et de philanthropes, mystiques dont l'âme assez purifiée les avait élevés au-dessus du gâchis du plan physique vers la splendeur d'une conscience spirituelle. À de nombreuses époques, ils ont entretenu des relations personnelles avec des personnes soit de tendance dévotionnelle, soit dévouées au travail altruiste pour ramener l'humanité à la fraternité. » *(Olcott, Henry Steel, « Old Diary Leaves », volume 1.)*

Retraite tactique de la Fraternité

Mais pourquoi est-ce que la Fraternité demeure invisible et encore inconnue de la grande majorité des hommes aujourd'hui?

Depuis le déclenchement de la Guerre Mondiale en 1914 et ce jusqu'en 1945, ainsi que les cinquante ans d'insanité qui suivirent, la grande Fraternité se retira pour attendre le moment propice pour réapparaître. Son influence persista par l'entremise de certains médiums et par la communication télépathique à de nombreux individus inconscients. Pour compenser la pensée négative provenant des grandes guerres, la Fraternité continua à révéler la sagesse immémoriale par les œuvres de Alice Bailey et du Maître Djwal Khul, par le mouvement JE SUIS et par différentes autres tentatives, dont la plupart n'ont eu que peu d'impacte sur l'humanité; le monde étant attiré par la frénésie matérielle de l'après-guerre.

Tel les mystiques chrétiens qui, pendant des siècles dominés par l'Église, suivirent la mission du Maître Jésus et entretinrent un contact avec la Fraternité, de même, certaines écoles arcanes et groupes ésotériques de l'après-guerre, face à une vague de matérialisme après l'autre, continuèrent à enseigner et à disséminer de l'information concernant la Fraternité. Un grand nombre de ces organisations fermèrent leurs portes suite à la discorde interne et autres problèmes.

En dépit de cette brève retraite tactique, la Fraternité demeura une réalité et continua à influencer les affaires mondiales, en arrière-plan, principalement par des intermédiaires et des médiums.

La Hiérarchie, un fait de la vie, une réalité cosmique

La Loi Cosmique régit un grand nombre d'âmes d'évolutions différentes dans une grande structure cosmique et hiérarchique s'étendant du Créateur infini jusqu'à l'atome de base. Cette structure se reflète dans notre propre société humaine. Tout groupe ou institution est organisé de façon hiérarchisée. Chaque personne a quelqu'un au-dessus et quelqu'un en dessous d'elle. Même dans un petit groupe, il y a un dirigeant. Il est remarquable de noter que ceux qui proclament l'égalité humaine, par ex. : démocratie, socialisme et communisme, ont tous fini par créer les plus grandes hiérarchies de l'histoire.

Une vraie structure spirituelle ne domine pas. Elle est par définition une hiérarchie d'amour, celle qui favorise l'élévation. Chaque âme occupe un certain niveau de la hiérarchie en accord avec son niveau d'évolution spirituelle. Ceux qui se trouvent aux niveaux supérieurs aident et guident ceux qui se trouvent dans les rangs inférieurs afin de les faire avancer. Au fur et à mesure qu'elle progresse spirituellement, l'âme monte l'échelle de l'évolution.

La Loi Cosmique de la Hiérarchie est un fait de la vie, une réalité cosmique de l'Univers. La fonction principale de la hiérarchie est de préserver et protéger la sagesse et l'ordre divin. Il est rassurant pour chaque individu de savoir qu'il y a toujours quelqu'un de supérieur avec de grandes connaissances, capable de l'aider et de le protéger et quelqu'un en dessous de lui à qui il peut, à son tour, enseigner et qu'il peut protéger.

Sur le plan terrestre, la hiérarchie se manifeste dans des conditions qui requièrent toujours un chef, un commandant ou une personne en position supérieure. Les règnes inférieurs – minéral, végétal et animal – sont aussi organisés d'une certaine façon hiérarchique. Et dans chaque règne il existe une hiérarchie complexe de sous règnes. À l'intérieur du règne humain, chaque famille, société, institution et structure gouvernementale reflètent cette structure hiérarchique universelle.

Tout citoyen qui se considère être une entité indépendante d'une hiérarchie se fait des illusions. Ce sont normalement ceux qui ont été soumis et dominés par une hiérarchie qui en ont le plus peur et qui se rebellent contre elle. Et malheureusement, ils finissent souvent par se faire dire quoi faire par tout le monde.

La structure interne du gouvernement mondial

Le monde aujourd'hui est divisé en états nations qui ont chacun une structure interne gouvernementale hiérarchisée. Au niveau international, il existe un réseau d'organisations internationales telle les Nations Unies et des organisations régionales qui comptent des états nations membres. Au-delà de cette structure politique sur Terre il existe un autre échelon

La Grande Fraternité de Lumière

hiérarchique qui couvre toute la terre, une chaîne divine de commandement ou structure gouvernementale. C'est le Gouvernement Interne de la structure de pouvoir de la Grande Fraternité de Lumière qui opère sur le plan éthérique de Shamballa, situé sur le côté nord de la chaîne des Himalaya, en Asie Centrale. De là, ils communiquent instantanément avec leurs frères et sœurs à travers le monde par télépathie. De temps à autre, ils se matérialisent en forme physique et se promènent parmi les hommes.

Ce gouvernement spirituel interne est responsable de l'implantation du Grand Plan Divin, dessiné pour la Terre il y a des millions d'années. Chacune des milliards d'âmes engagées dans cette vie sur Terre fait partie de ce Plan et chacune est guidée pour mener à bien son rôle et sa mission particulière.

Un Conseil comprenant trois services – l'Instructeur Mondial, l'Exécutif et le Facilitateur (Volonté Divine) - dirigent le Gouvernement Spirituel Interne actuel. Le Maître Kuthumi dirige actuellement le Service d'Instructeur Mondial et mettra de l'avant les lois cosmiques qui vont gouverner le Nouvel Âge d'Or. Il travaille avec les Maîtres Jésus, Babaji, Emil, Zoser, Lady Rasha et plusieurs autres qui ont accepté la vaste mission d'éduquer toute l'humanité sur ces principes.

Le Service de l'Exécutif est dirigé par le Maître Sanctus Germanus qui coordonne une multitude d'activités afin de préparer le retour de l'Instructeur Mondial. Durant la période de l'Armageddon, il dirige et conduit la bataille des Forces de la Lumière contre celles des ténèbres avec le Maître Lady Nada et le Maître Lady Quan Yin. Ce ministère requiert une grande coordination des différents Maîtres et leurs groupes, leurs initiés et leurs activités, travaillant tous à l'exécution de leurs missions respectives en accord avec le Plan Divin.

Finalement, la troisième fonction du triumvirat est celle du Facilitateur, poste occupé par le Maître El Morya. Il représente la Volonté Divine, l'élan et le pouvoir qui appliquent les règlements, les polices et les programmes d'éducation des deux autres ministères, l'Instructeur Mondial et l'Exécutif. Représentant de la Volonté Divine, le Maître El Morya trouve la voie la plus appropriée, de la moindre résistance pour aller de A à B, et le pouvoir d'exécuter et de réaliser un plan d'action de la façon la plus efficace, la plus simple sans y dépenser trop d'énergie.

Les Maîtres de Sagesse

Une armée de 155,000 Maîtres travaille avec ces trois Maîtres principaux. Plutôt que de progresser dans des corps planétaires plus évolués, ces êtres perfectionnés ont consciemment choisi de rester dans l'atmosphère de la Terre pour aider le reste de l'humanité à évoluer. Ils n'ont plus besoin de prendre un corps physique dense tel que le nôtre, ils existent plutôt dans des formes plus légères, plus éthérique, que nous nommons esprit. Toutefois, quand le besoin s'en fait, ils peuvent se matérialiser temporairement de sorte que les hommes ordinaires puissent les percevoir. Ils peuvent se trouver à plusieurs endroits au même moment; grâce à une intelligence et une perception extraordinaire, ils peuvent discerner nos pensées et y répondre instantanément. Grâce à leur niveau de perfectionnement, ils représentent la future race humaine et donc, indiquent la direction de l'évolution que l'homme devrait suivre.

Les Maîtres de la Fraternité vont là où besoin se fait sentir. Il existe des quartiers généraux de la Fraternité sur tous les continents, existant sur le plan éthérique au-delà des cinq sens du commun des mortels.

Les Maîtres communiquent traditionnellement avec le plan terrestre de plusieurs façons. L'une d'elle est la télépathie – le transfert de la pensée de l'esprit au cerveau humain. Leurs messages de vérité touchent notre Moi Supérieur, ou l'âme individuelle, diminuent de fréquences pour être filtrés par notre subconscient, et puis notre conscient pour finalement atteindre le cerveau. Une grande portion de cette transmission se passe durant les heures de sommeil, lorsque le corps n'offre pas trop de résistance à la réception des messages télépathiques. Durant les heures d'éveil, les personnes de bonne volonté et bien intentionnées reçoivent ces pensées par clairvoyance, ne réalisant pas toujours l'origine des messages.

La nature et l'ampleur des activités du Gouvernement Interne s'étendent à chaque secteur de la vie sur Terre. Quelques clairvoyants sont conscients de leurs interventions mais la vaste majorité de l'humanité demeure complètement ignorante de leur influence. Par exemple, le Maître Djwal Khul assiste au travail de liaison entre le

Service de l'Instructeur Mondial et les disciples et initiés sur terre. Le Maître JMH assiste l'Office de l'Exécutif dans les domaines de la politique internationale, des finances et des services secrets tandis que le Maître Lady Nada aide à superviser et à diriger les travailleurs de la Lumière sur le plan terrestre. Chaque Maître supervise son ashram avec des milliers de travailleurs dans des comités différents pour mener à bien la transition finale vers l'Âge de Verseau, conformément au Plan Divin.

Sous la direction du Maître Kuthumi, il existe un comité constitué d'ex prélats des religions majeures du monde, ceux qui éditent toutes les écritures saintes (la Bible, le Coran, la Bhâgavata Gita, etc.) afin qu'elles se conforment au besoin du Nouvel Âge à venir. Un autre comité, sous la supervision du Maître JMH, surveille les machinations financières des Forces des ténèbres. Au fur et à mesure que le rayon féminin se déploie sur les événements de l'Armageddon, d'autres Maîtres féminins de la Fraternité préparent les hommes et les femmes dans leur rôle de pionniers pour la paix. D'autres Maîtres travaillent auprès des arts et de la culture, de la religion, de la littérature, des sciences, des académiciens et autres, dans le but d'élever la pensée et la culture de l'homme.

Gouverner selon le Plan Divin

Le Plan Divin pour la Terre existe depuis des temps immémoriaux mais il est reste insaisissable à l'esprit limité de l'homme. Toutefois, de temps à autre, avatars et messagers apparaissent sur terre pour révéler des petites bribes du Plan. A cette jonction particulière du Plan, le triumvirat est en pleine action, préparant l'humanité à l'arrivée éventuelle de l'Instructeur Mondial. Les religions traditionnelles ont souvent parlé de la deuxième venue de leur instructeur principal. Mais cette fois, il n'y aura qu'un seul Instructeur Mondial qui représentera un vaste ensemble d'enseignements visant tous les niveaux de l'humanité et démontrera tout ce qui peut être accompli sur Terre une fois que l'équilibre entre le féminin et le masculin est rétabli.

Mais avant que l'humanité puisse recevoir ces enseignements, la Terre doit procéder à un grand ménage car sans cette purification, les enseignements de l'Instructeur Mondial ne seraient pas entendus ou retomberaient comme par le passé, dans des conflits religieux à ne plus en finir. Voici la raison dudit Armageddon qui va purger et extirper tous les éléments négatifs de la terre à travers tous les échelons, du plus bas au plus haut et vice versa. Ce sera seulement après cette purge que l'humanité sera prête pour les enseignements révolutionnaires de l'Instructeur Mondial.

Extériorisation de la Hiérarchie Spirituelle

Au fur et à mesure que les énergies féminines se réintègrent, les Maîtres de la Fraternité, ainsi qu'un certain nombre de Maîtres Lady de la Fraternité, se dévoilent de plus en plus souvent à l'humanité, tantôt par télépathie, tantôt en personne. Ce processus est l'un de ceux qu'on nomme dans les cercles ésotériques, l'extériorisation de la Hiérarchie Spirituelle (autre appellation pour la Fraternité).

Dans le but d'intégrer son travail sur le plan physique, la Fraternité requiert des personnes incarnées qui marchent discrètement et tranquillement parmi les humains. Ceci est un autre aspect de l'extériorisation qui implique des milliers d'âmes évoluées, incarnées à travers le globe, en tant qu'initiées, adeptes et disciples de la Fraternité. Ils vivent parmi la population à tous les niveaux de la société. Ils détiennent des postes aux gouvernements, dans les grandes corporations, les universités, les organismes scientifiques, les banques, les institutions financières, les organismes religieux, etc., à travers le monde. Plusieurs ont absorbé toutes les connaissances dans leur domaine et opèrent donc avec autorité et expertise.

Ce corps d'âmes extériorisées, l'extension de la Fraternité sur le plan terrestre, porte le nom de Nouveau Groupe des Serviteurs du Monde, ou plus simplement, travailleurs de la Lumière. Ils représentent des initiés et disciples évolués, les « armées » placées sur Terre pour combattre les Forces des ténèbres pendant l'Armageddon sous la direction générale du Maître Saint Germain, les Maîtres de la Fraternité ainsi que les membres de leur ashram. Ils peuvent communiquer par télépathie avec leurs Maîtres. Ils peuvent aussi agir comme médiums pour adresser une assemblée de personnes.

Les Maîtres se matérialiseront temporairement pour communiquer quelque chose d'important à un individu en particulier, et ce dématérialiseront par après. Ils peuvent même se matérialiser en tant qu'adepte pour enseigner à un groupe de disciples pendant une période de temps et puis s'évaporer. Ou encore, ils pourraient parler à une personne dans ses rêves et y imprimer certaines idées dans son conscient. Toutefois, quand la bataille de l'Armageddon atteindra son apogée, les Maîtres apparaîtront de plus en plus souvent devant les hommes pour des raisons que nous expliquerons dans le prochain chapitre.

D'après la Loi Cosmique de Libre Arbitre, les Maîtres ne peuvent que laisser des impressions et suggérer des idées à leurs initiés et disciples. Ils ne peuvent pas les imposer. Le receveur est libre de les rejeter, de les modifier ou de les mettre en application. Certains initiés et disciples incarnés peuvent être tellement pris par *maya* ou l'illusion terrestre qu'ils choisiront peut-être de ne pas écouter ou suivre les suggestions des Maîtres, en échouant ainsi leur mission. Ce genre de situation est une source constante de frustration pour les Maîtres.

Certains Maîtres qui se matérialisent parmi nous sont déjà bien connus dans le monde occulte. Le Maître Sanctus Germanus prend habituellement la forme du Comte de Saint Germain, sa plus grande et célèbre incarnation, ce qui, toutefois, ne l'empêche pas de se déguiser en quelque personnalité de son choix. Le Maître JMH est reconnu pour ses entrées « à l'improviste » dans d'importantes réunions des ministères du monde des finances, d'organismes d'échanges, d'économie et dans les très sinistres réunions des sept sœurs, les sept plus grandes compagnies de production et de distribution de pétrole. Comme d'autres Maîtres, il empruntera la forme ou le déguisement susceptible d'accomplir la mission de l'instant.

D'autres Maîtres de la Fraternité préfèrent communiquer leurs conseils par télépathie en transférant leurs pensées et leurs idées aux esprits clairvoyants assez développés et disposés à les recevoir. D'autres, sans se lasser inspirent des idées progressistes et innovatrices aux hommes d'état, au clergé, aux artistes, aux hommes de science, aux écrivains ou tout individu à l'esprit ouvert, souvent sans qu'ils en soient conscients. Ce flot constant de révélations explique les percées scientifiques, les sublimes réalisations des artistes et la tournure positive des événements internationaux que nous connaissons sur Terre.

Un autre processus d'extériorisation est celui des « Walk-ins ». Il est reconnu qu'un disciple des Maîtres qui reste sur le plan subtil et qui s'applique à faire avancer le Plan Divin puisse ombrager une personne déjà incarnée. Suite à un arrangement au préalable, une âme va souvent s'incarner dans un corps jusqu'à un certain point de sa vie. A ce stade-là, une nouvelle âme ou une âme plus évoluée incorpore le corps tandis que l'âme précédente consent simplement à le quitter. Le nouvel occupant gardera toutes les caractéristiques et les mémoires du corps, mais, souvent, ses amis s'apercevront de quelques changements subtils. Le Gouvernement Interne de la Hiérarchie Spirituelle étend même son influence au-dessous du règne humain. Travaillant avec les dévas et les créatures du règne féerique, ils influencent les règnes inférieurs, le règne animal, végétal et minéral. Les phénomènes et les apports physiques, produits et démontrés par les Grands Êtres de Lumière occultes tels que Helena P. Blavatsky, l'adepte mystérieux JMH et certains mediums trans-physiques d'aujourd'hui démontrent le genre de contrôle bienveillant que la Fraternité maintient sur ces règnes.

Certains peuvent demander : « pourquoi les Maîtres ne prennent-ils pas le contrôle du monde entier pour en faire le ménage une fois pour toutes? » Et la réponse est très simple. Les Maîtres doivent se conformer aux Lois Cosmiques de Libre Arbitre qui prévalent dans cette zone particulière de l'Univers. Du reste, si les Maîtres s'occupaient de tout, comment les élèves pourraient–ils apprendre?

Les Prophéties de Sanctus Germanus Tome 1

Chapitre 3

Les forces des ténèbres aujourd'hui
« Par leurs fruits, nous les reconnaîtrons » Jésus

Les attaques terroristes et les zones de conflit sur la planète, incluant la guerre actuelle Israélo-arabe, le conflit Indo-pakistanais, la guérilla tamoule singhalaise au Sri Lanka, la guerre en Afghanistan contre les présumés terroristes d'Al Qaeda, la guerre actuelle en Irak, la montée islamique aux Philippines et dans les rues de Taiwan, la tension entre la Chine et Taiwan et d'autres guerres ethniques et génocides prenant place dans les Balkans et en Afrique centrale sont intentionnelles pour maintenir le monde dans un état de division et de conflits perpétuels. Aussitôt un conflit résolu, une autre lutte sans fin éclate entre deux états.

Le 11 septembre, l'attaque aérienne du World Trade Center à New York a secoué le monde comme elle était supposée le faire. Mais la vraie histoire, la vraie raison de cette attaque et autres conflits dans le monde aujourd'hui n'est pas ce que les médias populaires veulent nous montrer. En principe, ce qui se manifeste sur la Terre est le reflet de la bataille soutenue sur le plan astral entre la Grande Fraternité de Lumière et les Forces des ténèbres qui règnent sur la Terre. La puissante épée a déjà transpercé le cœur du grand dragon du mal, ce qui annonce la fin des beaux jours des Forces des ténèbres sur la Terre. Et le dragon succombe, agonissant, sa queue s'agite et nous ressentons une vague de remous et d'agitation balayer le plan terrestre. Sur terre, les Forces des ténèbres lancent une dernière tentative et essaient désespérément d'agripper le pouvoir nécessaire pour réprimer l'humanité et se placer au sommet du monde... pensent-elles. Mais les forces de la Lumière renforcées par l'émergence des énergies féminines ont déjà déterminé l'issue de cette bataille, l'Armageddon et les Forces des ténèbres sont condamnées.

La plupart de la littérature ésotérique traite l'information concernant les Forces des ténèbres avec délicatesse puisque au fond du cœur de la Fraternité, ces ignorants, qui sont aussi des créatures de Dieu, choisiraient le chemin de la lumière. Quelques-uns se sont déjà transformés mais malheureusement, beaucoup continuent encore à suivre le chemin obscur, ce qui cause des dégâts et ravages sur la Terre.

Dans ce chapitre, nous désirons partager nos observations sur la façon dont les Forces des ténèbres opèrent aujourd'hui. Le mieux l'humanité sera informée, le mieux elle sera préparée à résister mentalement aux œuvres noires de ces Forces adverses. La résistance mentale de l'homme a des pouvoirs incalculables pour accélérer la fin inévitable des Forces des ténèbres.

Nous voulons tout d'abord vous rappeler que les faits ésotériques avancés dans ces chapitres

Les forces des ténèbres aujourd'hui

devraient être considérés comme matière à réflexion. Certains parmi vous peuvent être choqués ou outragés par ce que nous avançons mais peu importe la réaction que nos mots peuvent provoquer chez vous, notre intention est simplement de vous informer et de vous éduquer avec l'espoir que vous compreniez chaque chose en temps voulu. Nous ne sommes pas ici pour dorloter, ni pour flatter ou faire peur. Nous ne sommes pas là non plus pour apporter un baume de protection contre quelques forces démoniaques parce qu'en réalité, nous ne croyons pas au démon. Ce qui se rapproche le plus du démon c'est *l'ignorance*, car ce n'est que lorsque l'âme est profondément ignorante que l'homme a tendance à faire les choses que l'on associe au démon.

Pourquoi les frères ignorants s'incarnent sur Terre

Nous avons mentionné, dans les chapitres précédents, que les Forces des ténèbres sont les déserteurs de civilisations plus avancées. Vous pourriez vous demander pourquoi ces frères ignorants ont la permission de s'incarner sur Terre pour continuer leurs lâches exploits. La Terre est située dans la zone de libre arbitre de l'univers et toutes les âmes peuvent décider de s'incarner sur la Terre. À ce niveau particulier de notre évolution, nous apprenons par tâtonnements. C'est en quelque sorte la règle de jeu pour cette école planétaire qu'est la Terre. Nous venons tous en incarnation en tant qu'individus, nous apprenons en tant qu'individus et nous venons en masse faire partie de notre culture et de notre société. Nous devons choisir entre le haut et le bas, entre le bon et le mauvais, entre le juste et l'injuste. Ce n'est que de cette façon que nous découvrirons la vérité. La présence des Forces des ténèbres sur Terre place tous les incarnés face à une polarité et donc, face au choix entre le bien et le mal.

Lorsqu'un choix vous est refusé ou défendu, vous ne gagnez rien à ne *pas* collaborer. Où l'alcool est prohibé, vous trouverez plus d'alcooliques et vous remarquerez moins d'abus où l'alcool est autorisé. Ceci relève tout simplement de la nature humaine.

Ainsi, dans cette école planétaire terrestre, les frères de la noirceur qui s'incarnent possèdent aussi le libre arbitre avec le privilège d'essayer encore et encore de choisir entre le bien et le mal. Personne n'est condamné à tout jamais à ce statut car dans la lumière de l'Amour de Dieu, ces frères ont toujours la possibilité de choisir le Chemin de la Droiture. Ceci peut prendre une éternité mais éventuellement l'âme s'alignera sur le droit Chemin. La plupart des âmes spirituelles lumineuses d'aujourd'hui ont déjà fait partie de ces Forces des ténèbres et ont choisi depuis de suivre le Chemin de la Lumière. Certains médiums d'aujourd'hui ont déjà connu la magie noire dans une ou plusieurs vies antérieures.

Ainsi, malgré leurs actes vils et lâches qui rendent la vie sur Terre très éprouvante, les Forces des ténèbres sont tout de même des créatures de Dieu bien qu'elles aient choisi la voie de l'ignorance.

Thèmes atlantes des forces des ténèbres

Les forces des ténèbres sur Terre aujourd'hui sont les mêmes âmes qui ont décroché des civilisations avancées et qui ont pris en otage la civilisation atlante il y a des millénaires. Ils ont attendu dans les coulisses sombres du plan astral jusqu'à ce que la civilisation présente se trouve à nouveau au même niveau de civilisation qu'au temps de l'Atlantide au moment de sa destruction. Même si quelques-uns ont depuis choisi le chemin de la lumière, beaucoup ont choisi l'incarnation sur Terre pour continuer leurs activités dans deux secteurs principaux : 1) l'accumulation de l'argent dans le but de contrôler l'humanité et 2) la guerre pour opprimer les peuples et favoriser l'accumulation d'argent. Ces deux techniques atlantes sont utilisées ultimement pour contrer l'évolution spirituelle vers le Créateur.

Il y a 24,000 ans, nous trouvons l'Atlantide, communauté d'une culture plutôt sophistiquée, à une jonction d'évolution similaire à celle de la Terre aujourd'hui qui transite de l'Ère des Poissons à l'Âge du Verseau. À ce point, les Atlantidéens avaient atteint un degré de connaissance plus élevé dans le domaine des sciences et de la technologie que la Terre actuellement. Toutefois, un scrutin spirituel des citoyens de l'Atlantide révèlerait que les âmes sur Terre sont actuellement plus avancées dans leurs réalisations spirituelles qu'autrefois en Atlantide. Ceci s'explique parce que la plupart des Grands Êtres de Lumière de l'histoire de la Terre se sont réincarnés dans les temps présents pour jouer un rôle dans les événements à venir afin d'éviter que la destruction qu'a connu Atlantide dans ses derniers jours se répète.

Au niveau scientifique et technologique, les Atlantidéens avaient découvert le pouvoir du son, pouvant être utilisé de façon semblable à la technologie des rayons laser d'aujourd'hui. Ils découvrirent que le son pouvait être utilisé à des fins militaires - diriger des vagues de son à n'importe quel organe du corps pouvait le faire exploser. Plusieurs scientifiques voulaient expérimenter et développer cette technologie pour lui donner une tonalité qui détruirait leurs ennemis.

Une grande controverse s'en suivit à ce propos. Vu que les hommes et les femmes se tenaient sur un pied d'égalité, cette controverse causa une grande division entre les deux sexes. Les femmes qui à l'instar d'aujourd'hui représentaient la conscience de l'humanité manifestèrent leur désaccord envers les hommes qui s'exaltaient à la poursuite de cette ligne de recherche pour tout simplement sonder les limites de leur savoir. Ultimement les hommes gagnèrent.

Entre-temps, les dirigeants des capitaux financiers atlantes découvrirent qu'en accumulant de grandes sommes d'argent et en entraînant la majorité du peuple dans la pauvreté, dans leur enchère, ils pouvaient mieux les contrôler. Peu de temps après, les dirigeants des communautés scientifiques et financières découvrirent qu'en jumelant haute technologie militaire et immense fortune financière, ils pouvaient dominer la civilisation entière. Ultimement, ce mariage de l'argent et de la guerre entraîna dans sa chute toute la civilisation atlante.

Plusieurs de ces âmes enveloppes se sont réincarnées sur Terre durant les siècles passés pratiquant ce qu'ils faisaient le mieux dans leurs périodes de monarques et empereurs despotes, monopolisant pouvoir et ressources en vue de soutenir la guerre. Nous n'avons qu'à nous référer aux livres d'histoires pour en apprendre plus sur la succession d'empires et leurs guerres. Actuellement, ils se sont adaptés au système démocratique des gouvernements et à notre civilisation de communication technologique pour encore une fois accumuler de gigantesques fortunes et d'énormes pouvoirs. Plutôt que de se limiter, comme par le passé, à une certaine région géographique, leurs activités s'étendent sur toute la surface de la Terre sans aucun respect de nationalité, de pays ou de race, en fait, réalisant les prophéties de l'hydre monstrueux à multiples têtes du Livre des Révélations.

Ces ignorants représentent la forme des Forces des ténèbres d'aujourd'hui. Ils se sont incarnés dans toutes les races, hommes ou femmes, et fidèles au passé, constituent en quelque sorte le *genre* d'âmes qui sait comment amasser d'énormes fortunes financières, qui va en guerre pour ultérieurement amasser plus de gains et contrôler les masses dans le but d'étouffer l'évolution de leurs âmes. Ils ont détourné ces thèmes tonitruants en utilisant tout sophisme imaginable parmi les intellectuels et les praticiens – déterminisme économique, conservatisme, libéralisme, communisme, capitalisme et autres – pour justifier et masquer leurs actions. Quoiqu'il en soit, dépouillés de tous les « ismes » sous le couvert desquels ils opèrent, nous voyons qu'à la base de chaque querelle et conflit sur la planète Terre, se retrouvent les deux thèmes que sont l'accumulation d'argent et le conflit armé.

Vagues d'incarnations provenant du Plan Astral

De l'autre côté de la mort se trouve le plan astral. Il y réside une multitude d'êtres désincarnés qui ont passé le seuil de la mort. Ces individus possèdent encore ce qu'on pourrait appeler un corps physique, sous forme plus éthérée, c'est-à-dire une matière plus légère vibrant au taux vibratoire plus élevé que notre corps physique dense.

Comme ailleurs dans l'Univers, le plan astral est divisé de façon hiérarchique avec des niveaux différents et les êtres désincarnés se rassemblent selon leurs niveaux d'évolution spirituelle respectifs. Ils continuent à vivre, à travailler et à étudier vers un avancement spirituel tout comme ils le faisaient dans leurs corps physiques. Seulement là où ils sont, il n'y a pas de nécessité pour l'argent: tout ce qu'ils peuvent désirer dans leur existence est simplement matérialisé par la pensée. Là, ils révisent constamment les erreurs qu'ils ont faites lors de leur incarnation précédente et avec l'aide d'êtres plus évolués, projettent et conçoivent une incarnation qui compensera leurs erreurs et leur enseignera de nouvelles leçons sur le plan physique terrestre.

Les forces des ténèbres aujourd'hui

Passer le seuil de la mort ne transforme pas instantanément un mort en ange. Les êtres désincarnés arrivent sur le plan astral avec le même niveau d'évolution spirituelle qu'ils avaient dans leur incarnation. Ainsi, sur le plan astral, existent des êtres qui représentent le bien et le mal avec la grande différence qu'ils ne sont pas tous mélangés comme ils le sont sur Terre. Ceux qui se retrouvent avec les dispositions spirituelles similaires se rallient ensemble : les âmes bienveillantes se regroupent ensemble tandis que les êtres désincarnés des Forces des ténèbres se réunissent dans leur propre domaine.

La distinction entre ces deux groupes est : 1) Les bons sont encore reliés à leur Soi Supérieur, leur âme, et continuent de parfaire leur développement spirituel. Les guides et les enseignants de la Grande Fraternité de Lumière continuent à diriger ce groupe et contribue vers son évolution spirituelle. 2) Les désincarnés ignorants ou ceux venant d'autres évolutions mentionnées ci haut se sont dissociés de leur âme et ne suivent pas le Chemin de l'évolution. Ils peuvent être considérés insensés, quoiqu'ils puissent aussi décider, à n'importe quel moment, de se relier à leur Soi intérieur et poursuivre leur évolution spirituelle. Beaucoup ne le font pas et de ce fait, ne dépassent jamais l'évolution du plan astral. Ensemble, ils languissent là-bas, souvent ennuyés de leurs compagnies malveillantes en attendant une autre opportunité de se réincarner sur Terre.

Les mauvaises compagnies engendrent de plus mauvaises compagnies. Imaginez une foule de désincarnés, sans remords, tels Hitler, Staline,

Mussolini, Hirohito, Franco, Salazar, Trujillo, Mao et Kim Il Song en compagnie d'autres dictateurs moindres, voleurs et criminels qui attendent tous le temps et l'occasion de réincarner.

Ainsi, lorsque la Terre imagine s'être débarrassée d'un dictateur fou, pense avoir supprimé un monarque ou exécuté un tueur en série, ce même être peut se réincarner dans un autre corps physique et continuer de causer dommages et conflits sur la Terre! Ils peuvent choisir de se réincarner en enfant mais de nos jours, ce processus peut s'avérer trop lent, pourquoi se tracasser avec les souffrances de la croissance, souffrance de grandir? Il est simplement plus facile de posséder entièrement un individu et de le rendre esclave. Dans nos jours actuels de démence, ces possessions sont de plus en plus subtiles et fréquentes.

Nous pouvons voir que même si ces malfaiteurs ont été exécutés par le système de justice criminelle, ont été tué dans d'autres circonstances, ils peuvent encore causer du tort et du mal depuis le plan astral. C'est pour cette raison que le système de justice aux niveaux national et international est incapable d'arrêter les vagues de crimes et de conflits. Et il semble que la situation ne s'améliore pas avec chaque génération qui passe.

Influence télépathique sur Terre

Ces ignorants, incapables de trouver sur Terre le véhicule adéquat, peuvent projeter leur malice du plan astral au plan terrestre! Une certaine frustration s'emmagasine chez ces âmes aveuglées pour n'avoir personne à tourmenter ou persécuter parmi leurs mauvais compagnons de désincarnés. Se tourmenter eux-mêmes serait trop ennuyeux puisque leurs folies les poussent à répandre le plus de mal et de dissension possible. Ils recherchent plutôt, sur le plan terrestre, des agents ou des individus réceptifs qu'ils peuvent influencer télépathiquement.

Qui donc devient leur proie sur le plan terrestre? En premier lieu et de toute évidence, les êtres appartenant aux Forces des ténèbres qui ont réussi à s'incarner partout sur la planète. En second lieu, les psychiques incultes et naïfs, sensibles aux flatteries des désincarnés et qui communiquent avec les voix de n'importe quel « esprit ». Troisièmement, les intuitifs et clairvoyants nés qui s'émeuvent à la perspective de communiquer avec d'autres dimensions, ne réalisant pas le danger potentiel de ces contacts. Quatrièmement, les personnes à caractère faible, portées vers certaines habitudes ou obsessions telles les drogues et l'alcool et n'ayant plus le contrôle sur leurs facultés physiques. Cinquièmement, les faibles d'esprit, possédés et contraints par ces forces astrales, à commettre des crimes haineux au nom de Dieu ou pour leur propre compte. Et sixièmement, les jeunes âmes portées à se tourner vers le crime sont facilement manipulées afin d'exécuter le sale travail des Forces des ténèbres en vue d'acquérir rapidement argent et pouvoir.

Les Forces des ténèbres sur le plan terrestre sont les maîtres de la magie noire. Se servant de la télépathie, ils peuvent contrôler les individus qui travaillent pour eux ou ceux qui sont trop faibles pour résister. Ces magiciens sont programmés pour parler le même vocabulaire que les travailleurs du bien et beaucoup prennent position dans des organisations charitables de nature soit religieuse ou gouvernementale.

Tout comme certains de nous répondent aux directives des guides et Maîtres spirituels de la Grande Fraternité de Lumière, les agents incarnés des Forces des ténèbres sont programmés pour suivre les commandements qui émanent de leurs « collègues » du plan astral. De caractère hautement émotif, ils répondent aux urgences du plan astral comme des automates et souvent sans en prendre conscience. Ils sont manipulés en accord avec les plans que les Forces des ténèbres ont placés en opposition au Plan Divin.

Disséminer la confusion

Nous avons vu que les Forces des ténèbres peuvent communiquer télépathiquement par le biais du corps émotif des individus et les éperonner afin d'exécuter leurs ordres démoniaques du plan astral ou du plan mental inférieur. Les Maîtres de la Fraternité communiquent aussi télépathiquement avec l'humanité mais depuis les plans du mental supérieur ou du plan spirituel. Peu importe la source, tous les messages doivent éventuellement être filtrés, premièrement à travers le subconscient humain, ensuite par le cerveau avant que l'individu en prenne connaissance. Et voilà où se trouve le problème: L'esprit inexpérimenté de la masse de l'humanité ne peut distinguer les messages télépathiques venant des Forces des ténèbres de ceux venant de la Fraternité de Lumière.

Les vagues astrales des Forces des ténèbres, souvent en collaboration avec les médias de la Terre, peuvent facilement influencer les gens dans une direction ou dans l'autre. Simultanément, la Fraternité projette ses messages d'amour et de sagesse à travers cette fumée de négativité dans un effort constant pour les neutraliser. Ceci explique le « va et viens » de la pensée humaine

Seul un esprit ésotérique entraîné peut rejeter les messages trompeurs des Forces des ténèbres, saisir seulement les doux messages de sagesse de la Fraternité découlant des plans spirituels supérieurs et les maintenir intacts sans manipulation de la part des médias.

Les agents des forces des ténèbres sur le plan terrestre

Les théories de conspiration abondent envers un puissant groupe de financiers qui, en arrière plan, exercent un tel contrôle sur le monde des affaires que même les gouvernements élus succombent lentement à leur volonté aveugle comme des marionnettes. Pendant des années, les gens murmuraient des histoires à propos des Sept Sœurs, des Illuminatis, de la Commission Trilatérale, du Conseil des Relations Étrangères et autres, lesquels tendaient à manier assez de pouvoir pour amener tout gouvernement démocratique ou autocratique sous leur influence. On dit que la raison première de ces sociétés secrètes est d'amener

Un Gouvernement Mondial qui assujettirait toute la terre à ses lois obscures.

Toutes ces histoires, qui semblent plus relever d'une enchère pour roman de science fiction, sont malheureusement vraies jusqu'à un certain degré. Cependant, nous devons éclaircir un fait pour vous : si quelque groupe suspect est connu du public, peu importe quel titre il arbore, vous pouvez être certains qu'il n'est que le frontispice d'une organisation de forces plus sinistres et cachées déambulant dans les couloirs des grandes succursales bancaires de Genève. Elles servent à distraire et tromper le public en l'amenant à croire qu'il peut identifier les Forces des ténèbres tandis que les vrais coupables pavanent leur ignorance et leur sale travail sous différents déguisements.

Les Forces des ténèbres incarnées sur le plan terrestre apparaissent comme des humains qui vivent et travaillent parmi nous sur la Terre. Ceux qui sont au sommet de leur hiérarchie sont tout à fait conscients d'appartenir à cette hiérarchie de Forces des ténèbres qui copie celle de la structure de la Fraternité. Ils habitent de luxueux palais à Genève et autres métropoles à travers le monde, portent les costumes les plus fins que l'on puisse s'offrir, mangent dans les meilleurs restaurants et utilisent les meilleurs parfums. D'une intelligence supérieure, attrayants et séduisants, leur influence passe par les rangs les plus élevés des gouvernements du monde.

Leur influence est si envahissante qu'ils peuvent donner l'ordre de transférer des fonds ce qui fait rallier la Bourse un jour et plonger le jour suivant. Ils peuvent passer une brève note au président d'un pays pour engager une guerre avec un pays voisin. Il n'y a aucune structure de pouvoir sur Terre qui ne soit sous leur influence. Avec les années, leurs marionnettes ont accédé à des pouvoirs légitimes en occupant les bureaux les plus élevés du gouvernement et en prenant position dans les conseils d'administration de diverses corporations du secteur privé ou public.

Ils n'hésitent pas à imiter le travail de la Grande Fraternité de Lumière, parlant le même langage mais utilisant à la place les phénomènes de magie noire pour impressionner les esprits complaisants et assoupis de la masse de l'humanité quant à leur validité et à leur sincérité. De plus, ils ont développé une habilité à communiquer télépathiquement avec leur espèce à travers le monde et avec leur cohorte sur le plan astral. Avec ces habiletés, ils influencent souvent les médias à diffuser mécontentements et conflits. L'hystérie de masse en est souvent le résultat.

Ils se font même passer pour Dieu, envoyant, du plan astral, des messages aux chefs spirituels de différents groupes religieux sur le plan terrestre. Ces groupes religieux reçoivent des réponses contradictoires et conflictuelles en réponse à leurs prières et ce au nom de Dieu, d'où les origines des conflits religieux.

Les agents terrestres des Forces des ténèbres sont obsédés par l'accumulation de vastes sommes d'argent dans le but de contrôler tous les secteurs de la société humaine. Ils contrôlent les secteurs financiers et bancaires, les taxes gouvernementales et agences de réglementation, les militaires, la Bourse, le marché des capitaux, les casinos et les corporations publiques desquelles ils soutirent de gigantesques sommes d'argent dans tous les pays à travers le monde.

Ils encouragent les conflits armés comme commerce lucratif. En plus, la guerre soulève la peur et la dépendance parmi les populations combattantes qui deviennent dociles et facilement contrôlables. La suppression des droits de l'homme en est le résultat.

Ces êtres malveillants, rejetons de la période atlante, sont organises en une hiérarchie resemblable à celle du crime organisé. Cependant, leur structure hiérarchique enjambe les deux plans, astral et terrestre, leur donnant un champ d'opération plus large et plus flexible. C'est le reflet de l'état évolutif stagnant de leurs membres aveuglés par l'ignorance puisque la lumière et l'inspiration venant des plans supérieurs sont bloquées.

Ces ignorants se trouvent dans toutes les races et tous les genres. Pour comprendre la profondeur et l'ampleur de leur pouvoir, nous devons penser au-delà du concept de nationalité ou de l'état nation. Nous ne pouvons penser en termes d'Américains versus Suisses versus Britanniques versus Chinois ou autre nationalité que ce soit puisque les Forces des ténèbres existent sans aucune allégeance nationale. Pour eux, les frontières nationales sont complètement arbitraires et ils voient les nations comme des pions qui peuvent être très utiles lorsqu'ils s'opposent les uns aux autres pour favoriser leurs gains. Même si l'Amérique est

Les forces des ténèbres aujourd'hui

devenue le pays le plus propice à la promotion de leur folie, nous ne pouvons dire que les Forces des ténèbres sont américaines; malheureusement dans ces temps qui courent, l'Amérique semble être leur outil principal, leur instigateur et même leur victime.

Les Forces des ténèbres considèrent la Loi Cosmique du Libre Arbitre avec dédain et utilisent souvent la force ou la manipulation télépathique pour imposer ou posséder les faibles pour les amener à exécuter leur agenda. Ceci explique les vagues périodiques d'activités criminelles que nous connaissons sur Terre, épisodes de fusillades dans les écoles, poussée de kidnappings d'enfants sans aucune connexion, tueurs embusqués tirant à l'aveuglette, infanticide de mère qu'on aurait jamais soupçonnée, jalousies domestiques irrationnelles, meurtres et attaques terroristes exécutés par des faibles et des individus criminels prompts à répondre aux émissions des Forces des ténèbres du Plan Astral. La plupart de ces auteurs souvent ne peuvent expliquer le pourquoi de ces crimes haineux car en réalité ils étaient possédés. Notre système légal appelle cela « folie temporaire ».

Les Forces des ténèbres emploient de puissants magiciens noirs capables de voyager sur le plan astral, ce qui consiste à quitter son corps et à se déplacer dans l'espace en dehors de son corps. Ils ont aussi perfectionné l'usage du mesmérisme télékinésique, les rendant aptes à voyager dans l'espace astral : ils se rendent près de machines de toutes sortes, bus, avion, chaînes de production, missiles, satellites et autres et causent leur dysfonctionnement. Ceci explique les séries d'écrasements d'avions qui ont lieu périodiquement.

Certains de ces ordres diffusés sont souvent si puissants que ceux qui sont dotés d'un mental faible peuvent, sous la pression du stress ou d'un déséquilibre mental intercepter ces signaux. Ces pauvres individus, souvent innocents et sans malice préméditée, interceptent ces diffusions d'ordres qui les amènent à commettre des crimes que leur nature originale n'aurait jamais permis. Et lorsqu'ils reviennent à la réalité, souvent, ils n'ont aucun souvenir de leur acte insensé.

Les Forces des ténèbres représentent ainsi une force négative qui utilise la télépathie mentale pour contrecarrer le positif et les impressions mentales inspirées de la Grande Fraternité de Lumière. On les rencontre dans les personnes d'un intellect avancé aussi bien que dans le minable criminel de la rue. Leur ultime objectif d'accumulation de l'argent et de contrôle de l'humanité tire à sa fin, un virtuel cul-de-sac, mais que pouvons-nous espérer de ces êtres aveuglés par l'ignorance? Néanmoins, ce but simpliste et terne, dépouillé de toute Lumière a été pour le moins dévastateur pour la Terre à ce point de son évolution.

Convertir les humains en moutons

Vous pourriez demander, comment se fait-il que les Forces des ténèbres ont pris un tel contrôle sur la Terre? Nous répondons que c'est intentionnel.

Les forces des ténèbres aujourd'hui

À ce point de l'évolution de la Terre, ces Forces des ténèbres ont choisi de s'incarner en grand nombre parce qu'en cette période, les âmes bonnes et innocentes ont atteint le point de leur évolution cosmique où la décision doit être prise de se gouverner elles-mêmes ou de se laisser gouverner par d'autres. Les Forces des ténèbres profitent de cet embarras pour regrouper ceux qui ressentent encore le besoin de se faire gouverner comme des moutons et qui sont prêts à capituler leur souveraineté et se laisser volontiers contrôler. Dans ces rangs, les Forces des ténèbres ont trouvé des victimes toutes prêtes.

L'effet de la télévision

La télévision est devenue une invention merveilleuse de l'après-guerre. Sa présence dans la vie des gens est phénoménale, à tel point qu'il y a un ou plusieurs appareils dans presque chaque foyer. Même dans les régions les plus éloignées de la Terre, nous pouvons voir les gens se regrouper et se divertir devant un appareil de télévision, dans un café, une place centrale ou la maison d'un voisin. Étant donné que la diffusion par satellite recouvre toute la surface de la Terre, il n'existe plus d'endroits sans télévision.

De notre perspective, nous voyons des signaux invisibles de stations de diffusion atteindre chaque foyer à chaque seconde du jour, partout sur la planète. Cependant, bien au-delà des signaux innocents qui dardent leurs rayons en rediffusant l'émission « J'aime Lucie », il existe des signaux calibrés électroniquement de façon à créer à divers degrés le retardement, l'autisme, la stupidité, le mesmérisme et le malaise général chez des milliards de spectateurs que représente l'audience globale de la télévision. C'est pourquoi vous avez à faire un effort pour vous éloigner de l'écran de télévision. Les gens, en plaisantant, font souvent référence à l'expression « être collé » à l'appareil de télévision. Une meilleure façon de l'illustrer est « être hypnotisé, aimanté » par l'écran de leur télévision.

Éteignez votre télévision. Suspendez un fil devant votre écran. Allumez de nouveau votre écran et vous verrez le fil faire un bond en avant tandis que les rayons de l'appareil entrent dans la pièce. On le répète, ces signaux ont été calibrés pour vous engourdir et vous calmer et le plus d'heures vous et vos enfants passerez à regarder la télévision, le plus vous serez exposés à ces effets délétères, nuisibles, parmi lesquels le laxisme, la paresse et l'incapacité de penser clairement.

En plus de ces signaux électroniques, la « programmation » télévisée alimente le processus émotionnel plutôt que le processus rationnel de la pensée humaine, souvent au niveau du plus petit dénominateur commun. Les programmes dépeignent des caractères, souvent attrayants et magnifiques extérieurement mais qui ne sont pas en contrôle de leurs émotions. Surveillez ces programmes avec objectivité. Les plus populaires sont remplis de gens qui crient et s'insultent les uns les autres. Quelqu'un perd le contrôle. Quelqu'un trompe. Tous ces rôles vont à l'encontre des Lois Cosmiques encore, encore et encore. Malheureusement, ces programmes sont ceux que le public trouve les plus intéressants.

Les forces des ténèbres aujourd'hui

Où sont les programmes où une bonne âme, acculée à une série d'obstacles insurmontables les résout tous spirituellement? Si peu de victoires de ce genre sont démontrées ces temps-ci. Vous voyez plutôt des gens constamment engagés dans des relations intriquées et convulsées, invariablement en violation des Lois Cosmique. Et c'est comme si quelqu'un essayait de dire « Voici qui vous êtes, voici ce que vous êtes, acceptez-le, c'est votre destin, vous n'êtes qu'une bande de querelleurs et ne serez jamais plus que ça». Selon la loi cosmique, la pensée sur laquelle vous placez votre attention est celle qui devient réalité.

La télévision est aussi utilisée pour dévier l'opinion publique des dégâts et dommages causés par la haine. Il y a quelques années, le monde était rivé à l'écran montrant le procès d'un individu nommé O.J. Simpson. Durant des mois, les téléspectateurs ont regardé et entendu un par un les comptes-rendus de M. Simpson, à savoir s'il avait ou n'avait pas tué sa femme. Intéressant, n'est-ce pas? Que pouvait-il se passer d'autre tandis que le peuple était distrait? Aux États-Unis, la disparition d'une employée du Congrès ayant eu une relation avec un membre du Congrès retenait l'attention du public américain dans les jours qui précédèrent l'attaque du World Trade Center à New York.

L'humanité en majorité collée sur l'écran de télévision a cédé à des forces extérieures son droit divin de penser, de créer et d'expérimenter. Les effets nuisibles des signaux électroniques calibrés avec précision et atteignant le salon de chaque famille sur Terre ainsi que les programmes aliénant les humains ont un effet si engourdissant sur l'humanité que les Forces des ténèbres sont capables de diriger le public dans une direction ou dans une autre, les entraîner en guerre, les acculer à leurs propres exécutions et soustraire, sous leur nez, leurs économies durement gagnées.

Les forces des ténèbres parmi nous

Écoutez ce que disent vos dirigeants financiers et gouvernementaux et discernez ce qui se passe réellement. Les mots de sagesse que nous a laissés le Maître Jésus « Par leurs fruits, nous les reconnaîtrons » s'appliquent ici de manière poignante.

Certains d'entre vous, se trouvant à l'avant-garde de la Fraternité peuvent se retrouver dans des situations malheureuses en présence de ces êtres. Vous remarquerez l'absence de tout ce que nous pourrions vaguement appeler émotions et sentiments humains et certainement absence d'amour. Tels des robots, ils n'ont pas d'âmes, étant simplement, dans une forme humaine, des unités d'énergie programmées pour contrôler cette planète. Selon vos définitions, ils ne sont pas pleinement humains. On pourrait dire qu'ils ont la même mentalité que le tueur en série qui ne pense qu'à tuer une, deux, trois, quatre, cinq, six, allant jusqu'à cinquante personnes ou plus et continuerait ainsi à moins qu'on ne l'arrête. En tant que dirigeants de quelque pouvoir que ce soit, ils peuvent sommairement ordonner le massacre de centaines de milliers d'individus sans broncher.

Les forces des ténèbres aujourd'hui

Quel genre d'être peut faire cela? Certainement pas le genre d'humain avec qui vous vous associeriez volontiers puisque son mental conscient, l'état mental quotidien, est séparé de la super conscience du Soi Supérieur. Ainsi, par définition, cet être se montre insensé.

Où opèrent ces êtres? Dans les deux prochains chapitres, nous allons décrire en détails les deux mondes qu'occupent les Forces des ténèbres - l'accumulation de l'argent et la guerre. Ces deux activités sont si envahissantes que leurs exécutants existent plus ou moins dans tous les secteurs, tous les niveaux de la société et dans tous les pays.

Chaque jour dans les journaux, nous lisons à propos d'individus agressifs, auteurs de violence, voleurs, détournements de fonds frauduleux et autres. Ce sont évidemment ceux qui, avec leurs torts, donnent du piquant à notre société et en même temps détournent notre attention des énormes crimes contre l'humanité commis par leurs dirigeants qui demeurent inconnus et invisibles; cachés derrière un secret voile épais, ils voyagent dans les capitales financières du monde, inconnus et imperceptibles au commun des mortels. Ils se réunissent dans les grands couloirs de Genève pour comploter et planifier les guerres pour accumuler plus de gains et conçoivent les plans pour soutirer l'argent du peuple comme si c'était un jeu.

Ils n'appartiennent à aucun pays, nationalité ou race en particulier. En fait, ils considèrent les frontières nationales comme de petits obstacles facilement surmontables avec l'avènement des transferts électroniques d'argent et un réseau complexe de contacts à multiples niveaux. Ils peuplent un réseau international bancaire et financier, occupent les rangs supérieurs du gouvernement, des militaires, des complexes militaires industriels et des services diplomatiques. Ils opèrent dans des cercles qui favorisent au mieux leur existence fluide et mobile, passent les frontières sans s'annoncer et transfèrent d'énormes sommes d'argent dans des endroits non révélés.

Ces contrôleurs dissimulés du système financier de cette planète ont aussi leurs contreparties : les promoteurs de la vertu de pauvreté. Plusieurs groupes prêchent le rejet de l'argent et la vertu des pauvres. Quelques-uns convainquent leur disciples, comme autant de moutons, de donner tout ce qu'ils possèdent dans le monde en faveur d'un mouvement ou d'une religion tandis que leurs chefs construisent au nom du mouvement, une vie plus que confortable pour eux-mêmes.

Ils occupent les hautes fonctions dans la hiérarchie traditionnelle des églises. Plusieurs dirigeants de secte sont de cette trempe. Ils imitent les religions et affichent une couverture de sainteté pour tromper les observateurs, les amenant à penser qu'ils sont en réalité de bonnes âmes de type angélique. Mais vous remarquerez aussi qu'ils sont souvent illogiques lorsqu'ils parlent du bien tout simplement parce qu'ils ne peuvent pas en discuter en profondeur.

Dans l'industrie de la guerre, les Forces des ténèbres gèrent de loin les entreprises d'armes et les soi-disant entrepreneurs de la défense ne s'exposant jamais à la vérification en dirigeant directement ces entreprises.

Curieusement ces entreprises bellicistes ont aussi un reflet dans les mouvements de paix. Aujourd'hui, ceci se manifeste dans les mouvements « Anti ». Tandis que certaines âmes innocentes appartiennent à ces mouvements, plusieurs des dirigeants actifs pourraient s'appeler agents des Forces des ténèbres, puisqu'ils font la promotion de la division et crachent leur haine sur les symboles et les icônes des combattants qui ne sont pas nécessairement les vrais auteurs de la guerre. Ceci a lieu dans l'intention de détourner l'attention du public des vrais auteurs et de rendre ces mouvements ridicules. Par exemple, les mouvements pour la paix brûlent souvent les effigies de dirigeants en croyant qu'ils sont les promoteurs de guerre alors que leurs cibles ne sont que les marionnettes des réels planificateurs et auteurs de guerre.

La profession médicale a aussi succombé à l'influence des Forces des ténèbres. Plutôt que des guérisseurs, nous avons maintenant ceux qui recherchent simplement l'appât du gain. Ceci explique le prix exorbitant des services médicaux et des assurances aux États-Unis et l'absence d'un service national de santé pour les citoyens américains.

Il y a aussi toute une population de groupes de pression. Plusieurs louent les vertus des services et mouvements qu'ils sabotent en douce. Quelquefois, les plus forts défenseurs de la paix et des mouvements antimondialisation sont divisés et accentuent la dualité des deux groupes et des solutions intransigeantes. Le mouvement écologique en est devenu une de ces victimes. Le bien qui pourrait ressortir de ces mouvements est enseveli dans la paperasse des règlements qui le rend inefficace.

Il y a aussi ceux qui proclament la vérité des mouvements occultes. Ils tendent à représenter un Maître ou l'autre, utilisant d'innocents psychiques pour transmettre leurs versions altérées et déformées de la vérité. Leur superficialité se remarque souvent alors qu'ils chantent des mantras sans connaissance profonde. Ils sont déconnectés de leur âme, des automates programmés pour agir au nom du bien.

Les incarnations des Forces des ténèbres sont souvent d'une intelligence supérieure et d'un physique très attrayant, exsudant un certain magnétisme ou charisme qui leur permet d'attirer les gens. Ils peuvent créer une aura de maya (illusion) autour d'eux, comme une toile d'araignée, et leur présence pourrait vous plonger dans un état semi hypnotique accomplissant des choses contre votre volonté.

Ils ont accédé aux plus hauts niveaux des organisations mondiales et siègent dans les conseils d'administration en tant que puissance motrice. Tel que mentionné plus haut, ils intègrent et envahissent les systèmes financiers et bancaires du monde, le marché boursier, les agences gouvernementales de perception d'impôts, les grandes sociétés (les sociétés publiques sont par définition de grande envergure et difficiles à vérifier) et principalement toute organisation qui soutire de l'argent par le biais de contributions, tels les partis politiques, les organisations de charité et les organisations religieuses.

Les membres du clergé des Ordres religieux musulmans qui prônent la guerre sainte, le Djihad, ne sont pas pleinement conscients de leur lien avec les Forces des ténèbres, toutefois ils ont été placés là et sont les récepteurs de ces ordres télépathiques. La position qu'ils occupent dans la hiérarchie religieuse terrestre leur permet plus de pouvoir et d'influence et les rend capables de pousser le bouton de la haine quand bon leur semble, tout naturellement en justifiant leurs actions en accord avec les Écritures Saintes. Lorsqu'ils reçoivent les ordres hypnotisant, ils semblent souvent réagir comme s'ils venaient d'avoir une vision religieuse, une vision qui justifie encore plus le droit à leurs actions haineuses.

Les dirigeants des démocraties occidentales supposément libres, qui obtiennent leur position officielle par élection et nomination, sont aussi susceptibles d'être influencés par les Forces des ténèbres. Ce serait injuste de dire que tous ceux qui sont élus sont des agents de ces Forces de l'Ombre, néanmoins, plusieurs dans leurs rangs reçoivent leurs conseils dans les sombres couloirs du pouvoir. Vous trouverez rarement un membre des Forces des ténèbres se présenter à une élection comme grande figure politique publique susceptible à la vérification. Vous verrez plutôt la marionnette politique qui répond aux influences anonymes d'arrière plan.

Les élections sont le terrain de jeux des Forces des ténèbres. Un candidat à l'élection convoitant farouchement une position est déjà compromis et souvent « vend son âme au diable ». Plus serré sera le résultat aux élections primaires, le plus le candidat deviendra vulnérable à succomber à ces influences qui arrivent à la dernière minute, garantissant l'élection. Chaque élection est étroitement surveillée dans les couloirs des Forces des ténèbres.

Les Forces des ténèbres existent sur Terre depuis des générations et pressentent que les Forces de la Lumière sont sur le point d'interrompre leurs activités lucratives. Quoiqu'il paraisse, ils sont sur le chemin de la défaite. Tels des fuyards désespérés qui violent et pillent avant la défaite, les Forces des ténèbres optent pour le massacre durant ces jours et ces années finales.

Heureusement, la loi cosmique ne leur permettra pas cette destinée. Leur règne sur Terre est prédestiné à se terminer; grâce aux cycles cosmiques, un grand et nouvel éveil au niveau de la base, dont vous lecteurs faites partie, va finalement réveiller le peuple à un point tel qu'il commencera à tout remettre en question. Et comme les paysans lors de la Révolution Française, le peuple envahira la Bastille et criera « Assez, assez, à bas les têtes! »

Chapitre 4

Contrôle des états nations

Après la deuxième guerre mondiale, le monde était divisé en trois zones majeures : 1) le monde libre, 2) le bloc communiste et 3) le tiers monde des pays non alignés. Dans chacune de ces trois zones, les Forces des ténèbres adoptèrent différentes méthodes pour perpétuer leur héritage atlante d'accumulation d'argent et de bellicisme.

Dans le bloc soviétique, les partis Léninistes/Stalinistes de style dictatorial créèrent des bureaucraties gouvernementales qui monopolisèrent tous les secteurs de l'économie de la Baltique, de l'Europe de l'Est, des Balkans, de l'Asie Centrale et des pays satellites de l'Asie orientale. Les partis communistes drainèrent l'argent et les ressources de leurs populations et dépensèrent d'énormes sommes pour leurs besoins militaires respectifs. Ces partis dictatoriaux furent les exemples les plus sévères de la réincarnation du modèle atlante d'accumulation de gains et de bellicisme.

Dans le monde non-aligné, il y eut des exemples extrêmes de gouvernement atlante qui exacerbèrent les conditions déjà appauvries de l'après-guerre.

Pour la plupart, ces pays du tiers-monde adoptèrent des modèles de républiques socialistes moins centralisées. Celles-ci, avec la tendance d'appauvrir leurs nations par l'appétit vorace de leurs bureaucraties, firent apparaître des hommes forts, des dirigeants, souvent des hommes militaires, entourés d'une classe favorite d'hommes d'affaires parasites ainsi que des membres de leurs familles. Encore une fois, les richesses étaient concentrées dans les mains de la classe favorite alors que le gouvernement dépensait pour l'armée (plutôt que la marine ou les forces de l'air), l'armée pouvant être utilisée pour opprimer le peuple et engager les pays voisins dans une guerre. Ainsi, dans le tiers-monde, les mêmes thèmes Atlantes se répètent - concentration de richesses dans les mains de quelques-uns et conflits armés.

Dans les pays démocratiques soi-disant libres de l'Occident, les thèmes atlantes se sont déjoués de façon plus subtile. La fameuse course aux armements avec le bloc communiste amena des dépenses militaires gigantesques et plusieurs guerres telles que : la guerre de Corée, du Nicaragua, du Liban, Israélo-palestinienne, de Cuba, du Vietnam et les conflagrations en Irak pour n'en nommer que quelques-unes.

Ces pays occidentaux prônaient à haute voix le libre échange en leurs termes, en violant souvent ces principes à leur convenance. Au moyen d'accords d'échange et de contrôles du système financier international qui gouvernent les termes de l'échange, ils engagèrent dans le commerce la plupart des pays non-alignés et de façon limitée, le bloc communiste. N'ayant aucune compétition de la part du bloc soviétique et de la Chine qui représentaient une portion énorme de la terre, les pays occidentaux échangèrent librement avec le reste du monde. Il en résultat des accumulations massives d'argent dans les démocraties occidentales et une modernisation technologique de la société sans précédent principalement dans le confort matériel.

Travaillant dans les nations démocratiques, à l'opposé des formes dictatoriales plus tapageuses du communisme et des pays non-alignés du monde, les Forces des ténèbres durent imaginer des méthodes plus subtiles pour amener cette énorme richesse sous leur contrôle. Dans ce chapitre et le suivant, nous allons décrire comment elles ont réussi à orchestrer le plus grand transfert de richesses de l'histoire de l'humanité, amenant sous leur contrôle, les systèmes de perception de taxes nationales, les dettes nationales et la Bourse.

Plusieurs disent : « Ma vie est si simple, pourquoi m'en ferais-je avec les Forces des ténèbres ? » Et il y a aussi ce vieux dicton qui dit « les deux choses les plus certaines dans la vie sont les taxes et la mort ». Mais si vous payez des taxes, vous êtes touchés par ces Forces des ténèbres.

Pour attirer et accumuler d'énormes sommes d'argent, les Forces des ténèbres adoptent leurs habiletés sophistiquées des jours de l'Atlantide. Leur stratégie générale se résume à l'accumulation des richesses mondiales pour ensuite, par l'effet de levier, augmenter ce pouvoir financier pour contrôler l'humanité. Les sources d'accumulation d'argent les plus évidentes sont les gouvernements nationaux qui ont par décret, la capacité de soutirer l'argent de leurs citoyens sous la menace de la force.

Détournement des revenus de taxes

Les gouvernements d'aujourd'hui comme les seigneurs féodaux d'antan ont le droit de taxer ou carrément, d'obliger les citoyens à payer des taxes. Un citoyen paie des taxes soi-disant pour maintenir l'ordre et les lois dans la société, bâtir et entretenir les infrastructures de communications et de transports, réglementer les services utilitaires tels les postes, le transport aérien, la défense nationale en cas d'incursions extérieures, ainsi que de nombreuses dépenses que le gouvernement encourt. Certaines fonctions du gouvernement existent, sans aucun doute, pour le bien commun de ses citoyens, toutefois certaines sont hautement douteuses et contestables. Pourtant, la plupart des citoyens ne mettent jamais en question la validité de ces hausses de taxe constantes et paient volontiers leurs taxes par devoir civique.

Les gouvernements de tous les niveaux de la société imposent des taxes sur tous les aspects de la vie pour supporter leur demande incessante de revenus. Par exemple, ils perçoivent des taxes sur l'essence, les cigarettes, l'alcool, les produits de luxe, les voyages, les écoles, l'eau, l'huile de chauffage, la sécurité d'aéroport, les douanes, la sécurité frontalière, les frais portuaires, les taxes de vente, les surtaxes sur les taxes, la taxe sur la valeur ajoutée, les voyages aériens et même la nourriture que vous mangez au restaurant – en d'autres termes, sur à peu près tout ce dont vous avez besoin pour survivre. Même les retraités, les malades et les infirmes, les faibles et les invalides doivent payer des taxes sur leurs rétributions. De fait, les gouvernements soutirent subrepticement tant d'argent de la population que le citoyen moyen doit quelquefois emprunter pour joindre les deux bouts. Des agences privées de prêts offrent du crédit sous forme de prêts personnels, cartes de crédit et de crédit aux consommateurs qui oblige le payeur de taxes esquinté à se tourner vers des organisations extérieures. Ils iront même jusqu'à prêter l'argent aux citoyens afin qu'ils puissent payer leurs impôts annuels!

Aux États-Unis, où les taxes sont constitutionnellement mandatées comme volontaires, l'agence en charge de la perception des taxes, The Internal Revenue Service (Le Service du Revenu Interne) a été créé, à dessein, sans mandat légal. Toutefois, opérant sur un mode discutable et contestable, il perçoit des milliards de dollars en taxes avec l'aide des cadres de l'armée, prêts à jeter les citoyens en prison s'ils ne paient pas. Le statut légal douteux de l'IRS tient ses activités hors de toute portée juridique. Cependant, il promulgue taxes et réglementations sous la menace de la force. Une recherche plus poussée sur la perception d'impôts dans d'autres pays devrait dévoiler les mêmes tendances.

Que le service des revenus d'impôts dans un pays soit légal ou non est une chose mais toutes ces agences partagent une caractéristique commune : elles sont inviolables et ne font *jamais* l'objet d'une vérification. En d'autres termes, les contribuables ne savent jamais exactement le montant que perçoivent ces agences fiscales. Le fait que d'énormes sommes soient destinées aux activités douteuses sous le couvert de la sécurité nationale et n'apparaissent pas dans le budget national ou qu'elles ne soient jamais rapportées publiquement ne représente que la pointe de l'iceberg de cette outrageuse situation.

Tout citoyen du monde devrait se poser la question : **Combien mon pays perçoit-il exactement en impôts?**

Pour confondre le payeur de taxes et obscurcir davantage la situation, la réglementation complexe des taxes est faite en sorte qu'il est virtuellement impossible pour une organisation de surveillance de calculer le montant de taxes que le gouvernement perçoit « Il y a une exception à chaque loi, nous considérons chaque payeur de taxes cas par cas » vous dira le service des impôts. Voilà pourquoi tout effort pour simplifier et adopter un code universel de taxation égale pour tous est accueilli avec tant d'opposition. Une seule taxe unique permettrait aux citoyens de calculer combien d'argent le système de taxes perçoit réellement.

A l'échelle mondiale, les agences de perception de taxes se sont positionnées pour soutirer, chaque année, non seulement des milliards mais des trillions de dollars aux citoyens. Et pour en rajouter, la Banque Mondiale a récemment fondé un projet d'un milliard de dollars pour stimuler l'efficacité de la perception de taxes dans les pays en voie de développement! Peu importe l'efficacité de ces systèmes de perception, ils n'ont jamais à justifier les montants qu'ils soutirent.

Contrôle des états nations

Les agents des Forces des ténèbres prélèvent ce que bon leur semble et puis le Service des taxes publie ses données. Il n'y a jamais de tierce partie qui vérifie les chiffres indépendamment.

Chose certaine, de notre point de vue, les Forces des ténèbres se remplissent les poches au détriment des citoyens du pays. Les États-Unis, nation réputée la plus riche et la plus puissante au monde, doit encore créer un système national de santé pour prendre soin de ses citoyens. Toutefois, elle dépense des milliards pour son programme militaire et spatial et encore plus pour d'autres activités clandestines.

Le public en général doit se réveiller et mettre en question toutes taxes payées. Il y a déjà des dissidents qui se défendent contre ces injustices mais comparé à la majorité du peuple qui suit comme des moutons que l'on emmène à l'abattoir, ils ne représentent qu'une petite minorité. Chacun de nous devrait crier intérieurement chaque fois que la caisse enregistreuse d'un magasin rajoute une taxe de vente ou la TVA et chacun devrait demander : Une minute! Où va cet argent? Pourquoi devons-nous payer? Cette résistance mentale invoque les énergies des dimensions spirituelles qui relâchent l'emprise sur les revenus de taxes qui sévissent dans le monde.

Les gens devraient demander à leurs représentants gouvernementaux si ceux-ci connaissent le revenu d'impôts exact que perçoit leur gouvernement. Mais ne soyez pas surpris de vous retrouver devant un visage pantois. Est-ce que quelqu'un a déjà pensé à poser cette question? De plus, demandez-leur si un vérificateur ou une agence gouvernementale indépendante a déjà vérifié les livres des agences de perception d'impôts.

Vous n'avez pas besoin de brandir des pancartes ou de parader devant les agences de perception de taxes. Le seul fait de poser ces questions pertinentes a un effet incalculable pour desserrer l'emprise qu'ont les Forces des ténèbres sur la masse monétaire mondiale. Cette action invoque, non seulement le pouvoir du Soi Supérieur mais aussi les ressources de la Fraternité, qui verront à remédier à la situation dans d'autres dimensions; une fois accompli, la solution se manifeste ici sur le plan terrestre. Vos mises en questions auront un effet de boule de neige et forceront cette triste situation à remonter à la surface.

Bureaucratie : canaliser les revenus d'impôts

Personne n'oserait soumettre une démocratie, peu importe laquelle, à une sérieuse analyse coût /bénéfice, la conclusion prévisible étant que le coût pour les entretenir dépasse largement les bénéfices qu'elles génèrent. Nous sommes tous profondément conscients que les bureaucraties gouvernementales gaspillent l'argent mais lorsque nous sommes confrontés à remettre en question ces monstres ingérables, nous nous retirons et essayons de ne pas y penser. Dans un même temps, plus la bureaucratie prend de l'ampleur, plus nos taxes augmentent. Les analystes économiques et financiers lèvent tout simplement les bras, et considèrent le fardeau de maintenir la bureaucratie gouvernementale une « dépense perdue » ou quelque chose qu'il faut tolérer.

Ceci se comprend, ces inventions étant des rouleaux compresseurs qu'on ne peut arrêter. Elles ont été conçues pour : 1) concentrer d'énormes sommes d'argent à un seul endroit, 2) dépenser de grosses sommes sans en produire elles-mêmes. Elles sont des entonnoirs à sens unique, par lesquels l'argent passe et fournit la seule et unique justification pour la taxation. Sans celles-ci, on ne pourrait justifier ce système de taxation forcée, systématique qui prévaut sur toute la planète.

Une organisation bureaucratique gouvernementale touche d'une façon ou d'une autre chaque personne. Ses tentacules s'infiltrent dans les poches de chaque personne, 24 heures par jour, pour satisfaire son appétit insatiable d'argent. Il y a une taxe sur tout ce que vous consommez, peut-être même l'air que vous respirez et l'eau que vous buvez. Année après année, le budget d'opération de la bureaucratie diminue rarement. Même si parfois, ils semblent rester au même niveau, en toute fin, lorsque l'attention du public est détournée, ces budgets augmentent toujours.

Ainsi, de nature, une organisation bureaucratique est parasitaire puisqu'elle ne produit que papiers et règlements. Quelques-unes créent des licences, permis, cartes d'identité, certificats et autres en vue de gagner plus d'argent en plus de leur répartition de taxes. Certaines ont même institué des services « express » leur permettant de demander une prime supplémentaire pour leurs services tout comme les paiements sous la table que prennent les bureaucrates de certains pays pour «faciliter» les affaires, enjambant ainsi les obstacles qu'ils ont eux-mêmes créés.

Alors qu'elles opèrent sous un pouvoir officiel, les agences gouvernementales peuvent s'imposer aux médias. Les officiels des gouvernements se glorifient constamment avec des discours élogieux pour justifier les services que leurs agences particulières rendent au public. Ils doivent constamment rappeler au public tout le bien qu'ils font.

Au niveau plus local, les petits services des gouvernements locaux sont essentiels pour maintenir un certain ordre dans la société. Au niveau national, toutefois, leurs justifications sont hautement douteuses, puisque c'est seulement à ce niveau supérieur provincial, national ou international qu'existent les formes de bureaucraties les plus solidement et chèrement institutionnalisées, étant les plus éloignées de la surveillance du public. Les citoyens peuvent garder un œil critique sur les employés de leur gouvernement local mais ils sont impuissants devant les bureaucraties d'État de niveaux provincial, national et international.

De toutes les questions auxquelles fait face l'humanité d'aujourd'hui, la mentalité bureaucratique injecte une paralysie générale dans le processus décisionnel afin que l'auto préservation soit toujours considérée avant toutes autres questions présentées sur la table. La plupart des institutions bureaucratiques démarrent avec des idéaux élevés et une certaine animation optimiste. Les intérêts personnels se faufilent graduellement.

Le salaire et les à-côtés du métier tel que les avantages sociaux, retraites, voyages et formation deviennent le motif principal. Minimiser les risques et préserver l'emploi teintent la pensée de toute la bureaucratie et ceux que nous retrouvons là sont rarement assez courageux pour asseoir leur position sur des principes. C'est un déraillement de la hiérarchie, une distorsion totale de l'idée d'origine.

Le public se plaint constamment des bureaucrates, leur coût, leur inefficacité et leur croissance bourgeonnante, cependant, celles-ci continuent de dominer nos vies et de croître en dépit des dégâts qu'elles font à tous les citoyens dans le monde. Comment se fait-il? La réponse est simple : elles n'ont *pas* été créées pour servir l'humanité; elles ont été établies pour servir les intérêts des Forces des ténèbres.

Bureaucratisation du monde

Les années d'après-guerre ont vu l'expansion exponentielle des organisations bureaucratiques. Les géants que sont la Chine et la Russie, convertis au communisme, créèrent des structures gouvernementales massives, totalitaires et des services civils qui contrôlèrent littéralement toutes les activités du pays et chaque aspect de la vie commune des citoyens. L'étendue du communisme dans l'Europe de l'Est, les Balkans, les États Baltiques, la Corée du Nord, le Vietnam du Nord et Cuba a eu comme conséquence la création de bureaucraties énormes même dans les plus petits pays.

À cette tendance s'ajoutèrent les mouvements démocratiques socialistes en Europe qui créèrent des services sociaux et médicaux en plus de ceux des entreprises semi-publiques et de nouvelles couches bureaucratiques par dessus les traditionnelles dans le but de fusionner le capitalisme et le socialisme. Par conséquence, il y a eu un développement de bureaucraties gouvernementales encore plus grandes, engagées tantôt dans les affaires gouvernementales, tantôt dans les affaires commerciales.

Pendant les années cinquante et soixante, le Front de Libération Nationale lutta pour libérer les colonies Anglaises, Françaises, Espagnoles, Hollandaises et Portugaises de leurs maîtres métropolitains et coloniaux et créèrent une quantité de nouveaux pays en Asie, en Asie du Sud et en Afrique. Ces pays, imbus d'idéologies Léninistes anti-impérialistes, adoptèrent de larges bureaucraties gouvernementales semblable aux modèles socialistes ou communistes. Des bureaucraties lourdes et pesantes naquirent ainsi dans des pays à peine capables de nourrir leurs propres populations.

Dans les pays du soi-disant monde libre, les bureaucraties d'états, fédérales, provinciales et locales grandirent à une allure sans précédent. Au niveau national, la Guerre Froide augmenta le besoin de maintenir de larges établissements militaires tandis que les citoyens demandaient plus d'interventions réglementaires dans toutes les facettes de la vie. Ainsi, un léger laisser-faire gouvernemental s'installa graduellement dans les lourdes bureaucraties du reste du monde.

Contrôle des états nations

Comme si ces gouvernements nationaux lourds n'étaient pas suffisants, l'euphorie de l'après-guerre donna naissance à un nouvel idéalisme qu'une ère de paix mondiale pouvait être établie. Les pays drainés par la guerre formèrent le système des Nations Unies, un réseau supranational d'agences politiques, sociales, culturelles, agricoles, bancaires, de banques d'investissement, d'agences de réglementation financière et technique qui cherchèrent à englober le monde sous une surabondance de bureaucraties.

Pour aggraver les choses, chaque région créèrent des organisations supranationales telles que l'Organisation des États Américains, l'Organisation des États Africains, l'Association des Nations Sud Est Asiatique, l'ASEAN et la Communauté Européenne, etc., chacune ajoutant une autre couche de bureaucratie régionale internationale. Les citoyens Européens languissant déjà sous le poids de leurs bureaucraties nationales voraces ont toutefois créé une autre couche avec l'Union Européenne. Et l'OTAN, amputé de son mandat antisoviétique a survécu en invitant de nouveaux membres, quelques-uns faisant partie des anciens pays du bloc soviétique, à se joindre en une organisation de défense encore plus grande et plus coûteuse.

En plus de ces bureaucraties gouvernementales officielles, des organismes de charité, de bonne volonté commencèrent à prendre naissance partout. Les organismes de l'église catholique, anglicane, épiscopale et baptiste dispensèrent leurs services à travers le monde. Ces organismes de charité à but non lucratif accumulèrent des sommes élevées, proclamant en redistribuer une portion aux pauvres et aux nécessiteux. Quelques-uns de ces organismes sont mondiaux et peuvent, dans certains cas, être plus grands que les gouvernements nationaux. L'association internationale des organismes à but non lucratif à travers le monde compte plus de vingt mille de ces agences.

La plupart des organisations bureaucratiques ont été fondées sur certains principes et idéaux. Aussitôt établies, les Forces des ténèbres se sont infiltrées et ont saboté l'idéalisme initial qui a pu y exister. Les Nations Unies en sont probablement le meilleur exemple. Le résultat étant de neutraliser ces organisations en les congestionnant et en les rendant inutiles et inefficaces tout en drainant les ressources d'un monde qui meurt de faim.

Espiègleries des énormes bureaucraties

La plupart des bureaucraties consistent en trois niveaux d'employés. Le niveau le plus élevé, celui des directeurs et des gestionnaires est le domaine où opèrent les Forces des ténèbres. Souvent ambitieux, cependant se définissant comme gestionnaires pour le bien commun, ils canalisent les revenus de taxes pour supporter l'entretien de la bureaucratie et les programmes bureaucratiques. Ils vivent entourés de villas, de chauffeurs, d'avions privés et apprécient tous les accoutrements des riches et des privilégiés. Par leur statut et leur signature ils sont aptes à transférer des milliards de dollars partout sur la planète pour des raisons variées.

Le deuxième tiers de la bureaucratie consiste d'individus relativement idéalistes qui fournissent l'épine dorsale technique de l'organisation. Experts dans leurs domaines respectifs, avec de bonnes à nobles intentions, du moins au début, ils apprennent bien vite que leur idéaux n'ont pas de place dans la bureaucratie et leur cynisme grandissant devient une menace pour le niveau supérieur. Afin de les apaiser, l'administration du niveau supérieur leur garantit la sécurité salariale, la sécurité d'emploi comme nulle part au monde, des privilèges d'ancienneté et des bénéfices de retraite à vie. Très peu parmi ceux du deuxième niveau abandonneraient cette sécurité pour exercer leurs idéaux.

Le troisième tiers compte les employés administratifs qui constituent le dernier niveau. Ce sont ceux dont on peut se passer dans les revers de l'économie. C'est à ce niveau que la bureaucratie prend de l'ampleur ou se contracte laissant les autres niveaux relativement intacts. Toutefois, même si elle se contracte de temps à autre, la bureaucratie en général continue d'augmenter, spécialement durant les crises et les guerres.

C'est dans la partie supérieure que nous pouvons observer les Forces des ténèbres à l'oeuvre. Ils parlent le même langage et épousent le même but que le reste de leurs collègues dans la bureaucratie. Ambitieux et avides de pouvoir, ils s'agrippent, visent le sommet et écrasent ceux qui se trouvent sur leur chemin. Invariablement, ils atteignent le sommet. C'est aussi à ce niveau que le mouvement secret des revenus d'impôts trouve asile, puisque c'est la raison principale de ces bureaucraties. Les départements, les ministères et les agences responsables des affaires étrangères, les agences secrètes internationales, le service diplomatique, l'aide aux pays étrangers, la liaison avec les organisations internationales, toutes les branches militaires et le commerce international des produits de l'agriculture jouissent d'une liberté de mouvements frontaliers qui n'est pas accordée aux citoyens ordinaires. Chaque gouvernement à travers le monde a sa contrepartie, des agences équivalentes pour assurer un point de contact. Les arrangements sur l'immunité diplomatique permettent beaucoup de secrets – des budgets secrets, des projets et des mouvements de fonds que le public ne voit jamais.

Tandis que les fonds sont transférés secrètement par l'intermédiaire de ces canaux « officiels », le travail des deux tiers inférieurs sert de devanture pour la bureaucratie vis-à-vis du public. Lorsque le public réclame les services qu'ils devraient recevoir, les bureaucrates choisiront souvent de ne pas agir ou de dépenser le moins d'énergie possible, soit pour bloquer ou étirer les procédures. Embourbés de règlements et de procédures qu'ils se sont eux-mêmes imposés, très peu ont l'énergie ou le désir de surmonter tous ces obstacles pour servir le public.

Au fur et à mesure que les règlements des bureaucraties internes offre de plus en plus d'avantages, le bureaucrate confortable recherche de plus en plus à préserver ce qu'il a. *La survie de la bureaucratie devient ainsi son but principal.* Les salaires, les avantages sociaux, les régimes de retraite prennent plus d'importance que n'importe quel service rendu loyalement au public. Durant un sérieux revers de l'économie, les employés gouvernementaux d'un état des États-Unis continuèrent de demander une augmentation de salaire sans égard pour les difficultés causées aux citoyens de cet état. Durant les années d'agitation menant à l'année 2012, de plus en plus de travailleurs du secteur public demanderont des salaires plus élevés en dépit des privations qu'endurent les populations qu'ils sont supposés servir.

Dans le but de continuer leurs actes clandestins, il est commun pour ceux qui se tiennent au sommet de sommairement couper les deux tiers inférieurs de toutes communications pertinentes, créant ainsi deux organisations séparées au sein de la même bureaucratie. Les bureaucrates du tiers supérieur acquièrent les meilleurs résidences gouvernementales, conduisent les voitures les plus luxueuses, organisent des conférences dans les clubs et les hôtels huppés et voyagent à l'étranger dans des jets privés, le tout au nom du service rendu au peuple. Aujourd'hui, les affaires d'état sont parmi les plus somptueuses au monde. Même dans les pays les moins développés au monde, caviar et alcool coulent à flot parmi ce beau monde, tandis que les populations appauvries regardent du coin de l'œil à travers les grilles des jardins le spectacle de l'abondance qui se déroule devant leurs yeux.

Priorités détournées

A part les dépenses bureaucratiques clandestines faites à l'abri de tout contrôle public, les gouvernements doivent décider comment dépenser les revenus d'impôts. Même si leurs décisions portent le sceau du Congrès ou du Parlement, cela ne signifie pas qu'elles reflètent la volonté du peuple. Il est ironique que la seule superpuissance qui émergea de la Guerre Froide se sente la plus menacée par le terrorisme. Les milliards dépensés pour la recherche, la construction et l'entretien d'une superstructure militaire de haute technologie tandis que des millions d'habitants de la planète vivent au bord de la famine défient toute logique commune.

D'autres régimes sur Terre aujourd'hui assujettissent le peuple à une pauvreté abjecte et honteuse en vue d'affaiblir leurs résistances. De cette façon, ils contrôlent le peuple en le privant de tout ce qu'il pourrait acheter avec de l'argent - nourriture, médicaments, vêtements, maisons, eau potable – pour subvenir à ses besoins de base. Nous voyons des populations entières qui meurent de maladies et de malnutrition alors que des pays allouent des milliards de dollars à leur programme spatial pour ramener des roches des planètes avoisinantes.

Toutefois, lorsque nous considérons les racines Atlantes d'où proviennent ces priorités, nous pouvons comprendre que ces dépenses ne sont pas là pour servir l'humanité mais plutôt les Forces des ténèbres.

Invention bureaucratique : un instrument ténébreux

Dans les pays en voie de développement où le gouvernement central joue un rôle majeur dans les domaines économiques, sociaux et politiques, nous avons déjà des exemples austères qui démontrent comment la bureaucratie peut littéralement drainer un pays et ses ressources et ainsi les mettre à la merci d'autres nations plus puissantes. Un pays dont les structures bureaucratiques dépendent de l'aide de pays étrangers ne peut que faire la surenchère du plus puissant.

Les pays en voie de développement d'aujourd'hui qui ont déjà si peu de ressources pour survivre créèrent des monstres bureaucratiques qui appauvrirent leurs citoyens à un point tel que même les perceptions de taxes à la pointe d'un fusil donna très peu de résultat. À une époque, ces territoires procuraient au moins assez de nourriture à leurs populations. Plusieurs maintenant existent principalement de la générosité des nations développées dans une forme d'aide à l'étranger et de prêts de la balance de paiement.

Un poste dans la bureaucratie gouvernementale procure sans conteste un passeport à la richesse et à l'abondance. Les ministères gouvernementaux transfèrent secrètement ce qui reste de la richesse de leur pays ou des cadeaux de l'aide à l'étranger dans des comptes bancaires privés en Suisse tandis que leur citoyens appauvris en parlent avec respect mêlé d'admiration de cette audace tout en souhaitant en faire autant. N'est-il pas curieux que les individus les plus riches au monde viennent des pays les plus pauvres de la planète? Alors qu'ils vivent dans leurs palaces, leurs populations luttent pour trouver assez de nourriture pour la journée.

Certains pays ont été réduits au point que même les bureaucrates ne sont pas payés. Malgré cela, les bureaucrates maintiennent quand même certains pouvoirs; les citoyens doivent les payer sous forme de cadeaux sous la table pour pouvoir profiter de certains services gouvernementaux. Les longues files d'attente à travers le globe, des pauvres essayant de recevoir certains services de base des agences sociales gouvernementales sont une image poignante du mépris total qu'exercent ces bureaucraties envers le bien-être du peuple qu'elles sont supposées servir. Tandis que les obstacles s'accumulent devant le citoyen moyen qui cherche du soulagement, l'arrogance du bureaucrate confortable dépeint une image encore plus pathétique et prouve que ces organisations ne sont autres que des structures étrangères destinées à PRENDRE plutôt qu'à DONNER.

D'une perspective plus élevée, la bureaucratie ne répond pas au plaidoyer des nécessiteux mais bien au pouvoir et à l'argent sous forme de *pourboires, pots-de-vin, guanxi, ou paiements en dessous de la table.* Ces instruments d'argent détournent notre attention des vrais problèmes de maladie et de famine auxquels fait face le monde. Plus récemment, dans les nations les plus nanties, le terrorisme manufacturé a occasionné tellement de peur chez les citoyens que les bureaucraties se sont allouées d'énormes sommes d'argent pour la sécurité et la défense avec presque aucune opposition ou résistance du public. Et ceci encore une fois, pendant que les problèmes fondamentaux continuent à suppurer.

Tout le monde devrait savoir que ces énormes bureaucraties nationales et internationales ne sont pas nécessairement le résultat de l'évolution de l'humanité ou une réponse suite à un mode de vie moderne comme certains voudraient nous le faire croire. Les ressources qu'ils consomment dépassent largement le plus grandiose entourage monarchique de l'histoire de l'humanité. Ce sont en fait des aberrations et des distorsions du concept de la hiérarchie, l'hydre monstre à plusieurs têtes mentionné dans la Bible, avec comme fonction principale la justification du fardeau des taxes grossissant constamment et de l'entonnoir par lequel les fonds sont dirigés vers des destinations clandestines.

Tandis que les problèmes mondiaux traînent sans solution apparente, les grandes structures bureaucratiques mondiales ont créé leur propre monde. Comme des parasites, elles soutirent argent et ressources de l'humanité pour les redistribuer en fonction de leurs objectifs ténébreux. Dans un sens, les peuples de la Terre paient ces bureaucraties pour les étouffer! Ainsi, au fur et à mesure que les cycles cosmiques tirent à leur fin, que la Terre évolue vers la lumière, l'humanité, une fois qu'elle sera suffisamment ébranlée mentalement, saura résister à ces bureaucraties dans leur demande constante et leur justification de hausses de taxes. Privez-les de cette source de vie, les bureaucraties dépériront pour laisser se manifester une nouvelle forme d'organisation de services. Comme ce cycle cosmique tire à sa fin, la Terre évolue vers une destinée plus lumineuse.

Selon la loi cosmique, par défaut vous acquiescez si vous gardez le silence. Si vous ne résistez, ne rejetez ou ne dites pas « non » à quelque chose, vous êtes tacitement d'accord. Cependant, ce n'est pas nécessaire de vous faire arrêter ou jeter en prison dans ce genre de protestation. Nous sommes tous issus de Dieu et en tant que dieux et déesses, nous pouvons fermement résister aux Forces des ténèbres dans leur complot visant à prendre notre argent. Vous serez surpris de constater combien votre pensée est puissante et peut les arrêter. C'est la mentalité assoupie et l'acceptation du genre « mouton » qui leur donne *carte blanche* pour faire ce que bon leur semble.

Vente des pays : la dette nationale

La plupart d'entre nous avons déjà emprunté de l'argent. Lorsque vous achetez une maison, souvent, vous signez un contrat d'hypothèque avec une banque ou un prêteur qui vous endette pour 20 ou peut-être 30 ans. Si vous achetez une voiture à crédit, vous contractez une dette pour trois à cinq ans. La plupart essayent d'honorer cette dette. Mais si vous n'honorez pas vos paiements sur l'hypothèque par exemple, le prêteur saisira votre propriété et vous jettera à la rue. Si vous ne faites pas vos paiements de voiture, votre prêteur la reprendra. Ainsi, le prêteur exerce toujours une certaine menace et vous vous ressentez une obligation envers lui.

Aujourd'hui, les pays du monde empruntent des milliards de dollars de prêteurs inconnus. C'est simplement logique de prendre pour acquis que ces prêteurs exercent en échange une influence énorme sur les dirigeants de ces pays endettés, assez que pour transformer en simple marionnette même le président de la plus grande et puissante nation au monde.

Durant le vingtième siècle, la plupart des pays abandonnèrent l'étalon-or, signifiant qu'il n'était plus nécessaire de soutenir une devise avec des lingots d'or. Chaque pays imprima ses propres billets ou frappa ses pièces en métal bon marché et décréta la valeur de ces instruments. Chaque pays appuierait sa devise d'une bonne gestion fiscale de l'économie, donnant aux fournisseurs et aux consommateurs confiance en sa devise pour leurs échanges commerciaux.

Plus récemment, l'argent comme medium d'échanges est devenu obsolète. Actuellement, les échanges commerciaux utilisent des formes d'argent plus éphémères, principalement des grands livres électroniques ou des cartes de débit/crédit, attribuant à l'argent encore plus de fluidité. D'énormes sommes d'argent peuvent être transférées d'un côté à l'autre de la planète en quelques secondes et, lorsqu'elles sont bien manipulées, peuvent disparaître et réapparaître en poussant tout simplement sur un bouton.

L'usage de l'argent sous forme de papier ou pièces de monnaie est laissé aux masses pour conduire leurs transactions journalières mais même à ce niveau, les gens utilisent leurs cartes de crédit/débit pour acheter leur nourriture de base. En fait, celui qui porte sur lui et qui traite avec beaucoup d'argent liquide est maintenant classé dans la catégorie de blanchisseur d'argent ou de dealer de drogues ou d'armes illicites.

Ayant abandonné l'étalon-or, les gouvernements prirent avantage d'un environnement moins restrictif pour accroître leurs dépenses de manière exponentielle puisque tout ce qu'ils avaient à faire était d'imprimer ou de frapper tout l'argent qui leur était nécessaire. Tandis que les bureaucraties bourgeonnaient, leurs budgets d'opération et de programmes s'enflaient à un point tel que ces mêmes gouvernements clamaient que les revenus de taxes ne couvraient les dépenses. Ils apprirent que d'imprimer de la monnaie supplémentaire pour couvrir ces dépenses donnerait suite à l'inflation, diluerait la valeur de la devise et diminuerait la confiance mondiale envers cette devise.

Pour couvrir les budgets annuels déficitaires, les gouvernements décidèrent d'emprunter aux marchés financiers l'argent nécessaire pour couvrir les déficits galopants. Le gouvernement américain par exemple émit des bons et des certificats du Trésor, des notes à long terme, des obligations et autres documents *ad hoc* – promesses à court terme – à quiconque leur prêterait de l'argent leur en garantissait en retour un bon paiement d'intérêts sur le capital. À date, le Trésor des États-Unis a vendu environ 44 trillions de ces investissements sur un marché ouvert mondialement et paie 400 milliards par année, soit 1.5 milliards par jour! Et cette dette grossit. Le gouvernement des États-Unis est si endetté que le dollar lui même représente une dette, sous le nom de billet de la Réserve Fédérale. Nous utilisons les États-Unis comme exemple pour l'ampleur de sa dette mais il est certain que chaque pays de la Terre est très endetté.

Durant la période hautement spéculative des années 1990, les instruments de la dette du gouvernement n'étaient pas très populaires auprès de la plupart des investisseurs les plus

Contrôle des états nations

conservateurs, néanmoins il y avait un acheteur pour toutes les émissions. Le gouvernement américain prétend que 55 pour cent de la dette est détenu par des investisseurs privés tandis que le reste est financée par la Fiducie de la Sécurité Sociale (Social Security Trust Fund). Ceci n'est qu'un exemple parmi d'autres.

Tandis que les dirigeants nationaux faisaient la chasse aux actifs du pays au profit de prêteurs inconnus, ils continuent de taxer les citoyens pour payer les intérêts de ces emprunts. Des milliards de revenus d'impôts s'écoulent des poches des contribuables directement dans les coffres de ces prêteurs sous la forme de paiements d'intérêts. Confrontés à ce problème, la plupart des gens haussent les épaules car il leur est difficile de concevoir qu'un gouvernement puisse faire faillite, surtout si celui-ci a le pouvoir de taxer de force ses citoyens chaque fois qu'il a besoin de plus de fonds.

Pourtant personne ne semble poser la question la plus pertinente : ENVERS QUI LE GOUVERNEMENT EST-IL ENDETTÉ ? En d'autres mots, quelle est cette force qui prête des trillions et des trillions de dollars aux pays? Est-ce que cette structure de dettes a été créée à dessein?

La réponse à cette simple question va révéler un pouvoir inimaginable – envers les Forces des ténèbres – qui possèdent les actifs de vos pays respectifs! Et comme le font tous les prêteurs, elles exercent un pouvoir de chantage puissant sur les dirigeants des pays pour les soumettre à leur volonté. Un des exemples les plus choquants de ce pouvoir est celui de ce qui est arrivé au Président Kennedy. Pour avoir refusé d'engager les États-Unis dans une guerre avec le Vietnam, il a été sommairement exécuté en plein jour et en plus devant la face du monde.

Emprunter de l'argent n'est pas gratuit. Le gouvernement doit payer des intérêts sur la dette nationale et pour obtenir l'argent pour payer ces intérêts, il impose ses citoyens. En réalité, chaque contribuable paie une taxe indirecte (les intérêts) aux Forces des ténèbres. Aux États-Unis, cette dette représente 3.3 $ trillions annuellement et grossit tous les mois.

Le gouvernement ne vous dira jamais la vérité sur cette situation et nous vous demandons d'étirer un peu votre imagination et de faire preuve d'un peu de logique. Si vous étiez le dirigeant d'un pays, ne vous sentiriez-vous pas obligé envers l'entité qui détient des trillions de dollars sur la dette de votre pays? La réponse est évidente car réclamer le remboursement de cette énorme dette en une fois causerait l'effondrement immédiat de l'économie d'un pays!

Aujourd'hui, nous avons l'exemple de gouvernements en Amérique du Sud et en Afrique qui sont tellement endettés qu'ils ne peuvent plus payer les intérêts. Ils sont en état de faillite et dans leur lutte à rencontrer leurs obligations financières envers les prêteurs, leurs dirigeants ont littéralement vendu leurs citoyens, raflant toutes leurs économies. Ces pays sont un présage pour les pays qui tomberont sous les griffes des Forces des ténèbres dans le futur puisque celles-ci ne s'arrêteront pas avant d'avoir drainé chaque nation de ses ressources.

Contrôle des états nations

Réalisez que cette situation existe et commencez à vous poser des questions ou posez la question aux officiels et représentants de votre gouvernement. « Qui détient réellement la dette de mon gouvernement? Quand est-ce qu'elle a été contractée? Pourquoi n'avons-nous pas été consultés avant d'endetter notre pays, notre communauté? » La réponse vous fera tressaillir car la plupart prétendront ne pas savoir.

Lorsque vous exercez votre droit de poser ces questions, vous invoquez le pouvoir de la Fraternité à soutenir une guerre contre cette outrageuse situation dans les dimensions plus élevées. Comme cette bataille vient à terme, le voile de l'ignorance sur le plan terrestre sera graduellement levé et l'emprise que les Forces des ténèbres ont sur chaque pays sera desserrée. Le peuple se rendra compte de l'ampleur du problème lorsqu'il se réveillera.

Cela doit vous sembler évident que n'importe quelle entité qui prête des milliards de dollars aux gouvernements des nations mondiales exerce une force extraordinaire. Aussi, il devrait être clair que ces forces maintiennent le monde sous leur emprise à un point tel qu'ils peuvent dicter la direction que les nations devraient prendre sans égard au désir du peuple. Voici une des raisons pour laquelle les Nations Unies sont devenues inutiles car ce n'est pas la volonté de la communauté internationale qui prime mais bien la volonté des Forces des ténèbres. N'est-ce pas surprenant que certains pays vont en guerre sans porter attention aux cris de clameur de la communauté internationale qui vocifère le contraire.

D'où viennent les revenus de ces forces pour être ainsi capables de maintenir d'énormes dettes sur les nations? Une de ces ressources a déjà été mentionnée ci-dessus, les revenus non déclarés tirés des perceptions d'impôts. Une deuxième source provient du pillage du secteur privé.

Chapitre 5

Le pillage du secteur privé

« *Le plus j'ai, le moins vous avez* » Alice aux pays des merveilles

Nous avons vu plus haut comment il est possible aux Forces des ténèbres, sous la menace de la force, d'accumuler d'énormes sommes d'argent et de les diriger à travers la bureaucratie « officielle » du gouvernement pour leur usage indirect et voilé. À leur tour, elles prêtent de gigantesques sommes aux nations et gagnent des milliards supplémentaires en intérêts. De plus, elles utilisent la dette nationale pour influer sur les décisions nationales.

Par le passé, lorsque despotes et monarques convoitaient la propriété de leurs sujets, soit ils la saisissaient par décret royal ou, si le sujet savait ce qui lui était bénéfique, il la présentait au roi comme cadeau. Après la deuxième guerre mondiale, la moitié de la planète tomba sous la dictature communiste qui saisit sommairement toutes les propriétés au nom du peuple représenté par l'État. En réalité, les partis communistes nationaux et leurs dictateurs reprirent la fonction des despotes du passé et soutirèrent du peuple ce que bon leur semblait.

Dans les démocraties occidentales, où la richesse mondiale devient de plus en plus concentrée, le droit à la propriété et à l'immobilier est protégé par la loi, faisant partie du système capitaliste de telle sorte que les Forces des ténèbres ne peuvent pas facilement saisir la propriété des gens. En travaillant dans le soi-disant système de libre échange, les Forces des ténèbres imaginèrent des méthodes encore plus ingénieuses pour saisir les biens du peuple. Leurs proies étaient en premier lieu les États-Unis et l'Europe occidentale et plus récemment les soi-disant Tigres du Sud-est et l'Asie orientale (Taiwan, Hong Kong, Singapour, la Corée du Sud et la Thaïlande) où se sont accumulées une grande partie de la richesse du monde.

Trois chocs du pétrole brut

Premier choc

Fidèles à leur héritage atlante, les dictateurs, les monarques et les hommes forts de l'armée qui dominent les gouvernements des magnats du pétrole de l'OPEP, les PDG sans visages et les membres administratifs des plus grandes compagnies de pétrole, mieux connues sous le nom des Sept Sœurs, empochèrent des trillions sans broncher et avec le remarquable assentiment de la plupart des gouvernements au monde.

Le plus important transfert de richesses d'après-guerre est survenu au début des années 70 avec le choc pétrolier. Les despotes des pays producteurs de pétrole regroupés dans le Cartel connu sous le nom d'OPEP (Organisation des Pays Exportateurs de

Le pillage du secteur privé

Pétrole), de connivence avec les Sept Sœurs, avec force, transférèrent des trillions de dollars de tous les coins du monde dans leurs comptes en banques suisses en manipulant tout simplement la production dans le but de garder le prix de pétrole brut artificiellement élevé. La plus grande partie de ce transfert provenait des démocraties occidentales qui, en ces temps là, étaient riches et prospères. Les pays pauvres, tout aussi dépendants du pétrole, en souffrirent énormément.

Pour ajouter à la duperie du consommateur individuel, les gouvernements nationaux saisirent l'occasion de rajouter d'énormes taxes sur le pétrole et sur l'environnement aux prix déjà exorbitants du pétrole et de l'essence, ostensiblement pour décourager la consommation et la dépendance des produits pétroliers. Les taxes, représentant 50% du prix de l'essence dans certaines parties du monde, ont donné aux gouvernements des revenus de taxes supplémentaires. En fin de compte, cette dernière tactique n'a pas découragé la consommation d'essence et la dépendance du monde envers le pétrole est restée à un niveau très élevé.

Second choc

Une fois que les gouvernements et les industries pétrolières dominèrent le prix du pétrole, le monde, sur une période de vingt cinq ans, s'ajusta graduellement au prix élevé du pétrole brut pour ensuite se ressaisir. Cette hausse par contre attira des pays non membres de l'OPEP à entreprendre l'exploration et la production du pétrole. En 1998, comme nombre de producteurs non membres de l'OPEP entrèrent dans le marché, le prix du pétrole brut chuta. Cette chute, dans une période de prospérité relative tant bien en occident comme en orient, devint la justification pour un autre transfert massif d'argent. Les magnats de l'OPEP, de connivence avec les Sept Sœurs, freinèrent à nouveau et réduisirent la production de façon significative pour causer une pénurie artificielle qui allait tripler le prix du pétrole brut. Même les producteurs non membres de l'OPEP cette fois-ci sautèrent sur l'occasion. Les taxes gouvernementales fixées sur un pourcentage du pétrole brut augmentèrent aussi.

Le deuxième transfert était bien orchestré, coïncidant avec le rugissement des années 90 (1990-2000) dans l'Ouest, où faisait rage un marché boursier en effervescence, et dans l'Est où les économies étaient en croissance. Ce dernier obscurcit le troisième choc dans l'Ouest et en Asie. À ce moment-là, le consommateur s'était déjà habitué aux fluctuations et au prix élevé du pétrole mais cette fois, ses poches étaient renflouées des gains de la bulle boursière.

Les pays les plus pauvres du monde en ont beaucoup souffert, toutefois, l'OPEP compensa en transférant des paiements d'aide à l'étranger.

Troisième choc

Le coup final a été donné lors de la guerre d'Irak en 2003. Malgré la rhétorique pour démocratiser le Moyen Orient, le motif principal derrière cette guerre est le contrôle du pétrole. Les Sept Sœurs ne

Le pillage du secteur privé

veulent plus conspirer ou partager leurs profits avec les gouvernements corrompus des pays de l'OPEP. En ces temps de démence et d'accélération, les Sept Sœurs visent le contrôle total des réserves pétrolières mondiales. En contrôlant les énormes réserves de pétrole de l'Irak et en reconstruisant les infrastructures pétrolières pour exploiter ces réserves, les Sept Sœurs ont l'intention de pomper tout le pétrole nécessaire pour faire chuter le prix du pétrole brut mondial et ainsi éliminer le monopole pétrolier des gouvernements membres de l'OPEP. Elles prendront ensuite le contrôle total de la production mondiale, des débouchés et de la distribution du pétrole et par le fait même, le contrôle de l'économie. Cependant, ce coup final ne pourra réussir parce qu'il porte en lui le germe de la conflagration finale, de la Troisième Guerre mondiale, exposant plusieurs des Forces des ténèbres cachées et les expulsant hors du plan Terrestre.

Le Pillage des économies du peuple

La plupart des richesses accumulées dans les pays occidentaux pendant les années d'après-guerre ont été déposées dans les comptes personnels et les fonds de retraite (à impôts différés) de la génération des baby-boomers. D'énormes fonds de pension, fonds de retraite du gouvernement, fonds de retraite des corporations, sécurité sociale, comptes d'épargne personnels et investissements immobiliers ont accumulé des trillions pour une génération qui se préparait à une retraite confortable. De plus, les parents des baby-boomers léguèrent des héritages substantiels à leurs enfants.

Pour mettre la main sur cet argent, les agents des Forces des ténèbres inventèrent une stratégie pour amener les individus à investir ces milliards dans la bourse mondiale. L'argent a déjà disparu dans le grand trou proverbial de sorte que lorsque le public en général se réveillera, plus de trente milliards de dollars auront été transférés dans des points inconnus du Grand Plan Ponzi des années quatre vingt dix – le plus grand transfert de richesse dans l'histoire de l'humanité.

Le grand plan Ponzi des années quatre-vingt dix

Les innovateurs des années quatre-vingt dix nous apportèrent l'Internet et les ordinateurs personnels, deux outils destinés à jouer un rôle important dans l'Âge futur du Verseau. Pour manifester ces deux inventions sur la Terre, la Fraternité inspira plusieurs génies qui à leur tour créèrent de petites compagnies innovatrices qui développèrent leurs propres logiciels et technologies de l'information. En l'espace de quelques années, ces compagnies avaient développé des logiciels et des technologies si faciles d'utilisation que des millions dans le monde pouvaient être reliés les uns aux autres à travers l'Internet.

Avec ces développements révolutionnaires de l'Âge du Verseau, une mise en scène majeure prit place, avec comme résultat le plus grand transfert de richesses et d'argent liquide dans l'histoire de l'humanité.

Banques d'investissement

À travers le monde, les banques d'investissement profitèrent de ces deux innovations et créèrent des compagnies intermédiaires qui exploitèrent tout ce qui se rapportait à ces deux inventions. Ils créèrent les compagnies dot.com avec très peu de fonds et engagèrent un personnel jeune, inexpérimenté et incompétent avant de vendre les actions au public. Ils offrirent au public les actions de ces compagnies dot.com en promettant aux investisseurs un retour exponentiel.

Maisons de courtage à la bourse

De leurs associés des maisons de courtage rebaptisés « conseillers financiers » les courtiers colportèrent les actions de ces nouvelles compagnies aux investisseurs privés des marchés boursiers internationaux des grandes capitales financières de New York, Hong-Kong, Londres, Frankfort, Paris et Taipei. Ils lancèrent ces compagnies inexpérimentées les faisant miroiter comme Futur Nouvel Âge, Nouveau Paradigme et promirent aux investisseurs de tels rendements qu'ils deviendraient instantanément millionnaires avec retraite anticipée et revenus confortables. Mais le nouvel investisseur demeura hésitant tandis que les investisseurs plus expérimentés sautèrent sur l'occasion. Les vraies cibles cependant étaient les investisseurs réticents qui avaient épargné des milliards.

Les Fonds mutuels : groupes sans réglementation pour séduire les réticents

Les fonds mutuels existent depuis des décennies. Le concept en est très simple. Mettre en commun l'argent des investisseurs non-initiés et inexpérimentés et le placer avec un expert qui investirait l'argent du groupe. Le groupe partagerait le profit après avoir payé un cachet au gestionnaire.

Dans les années quatre-vingt dix, des milliers de ces fonds jaillirent de nulle part. *Sans aucune réglementation*, ils ne sont sous la juridiction d'aucune autorité gouvernementale et de ce fait ont leurs propres règles. Puisque n'importe qui peut créer un fond, des espiègleries en sont découlées.

Les fonds ont été vendus au public en tant que placement sûr afin d'investir dans un marché boursier complexe et rugissant. Certains fonds ont vendu leurs services sous le déguisement de plans de retraite et plans financiers. Leurs brochures regorgeaient d'un langage légal tordu et tortillé, qui leur donne un semblant de légitimité. De plus, ils se présentaient comme experts en « gestion de portefeuille », promettant au public d'alléchants rendements d'investissements pour une retraite prospère.

La stratégie a bien fonctionné puisqu'ils ont été capables de soutirer des milliards tandis que les amis et les voisins vidaient leurs économies et leurs comptes de retraite pour faire partie de cette débauche financière du marché boursier. Aveuglés par la promesse de rendements élevés, les simples

Le pillage du secteur privé

investisseurs ne questionnent jamais le fait que ces fonds ne sont pas réglementés. Ce faisant, ils donnent le contrôle total de leur argent au gestionnaire de fonds mutuels qui, n'étant soumis à aucune loi, n'a aucune obligation de rapporter aux investisseurs ce qu'il a fait de leur argent. En fait, les gestionnaires de fonds n'ont aucune obligation envers qui que ce soit, de sorte que les investisseurs ne savent pas combien ils gagnent ou perdent avec leur argent ou avec qui ils font affaire.

Curieusement, les fonds mutuels font partie d'une zone de légitimité très sombre, un peu comme les agences de perception de taxes. Néanmoins, ils arrivent à duper le public et à lui soutirer des milliards de dollars à gérer. Comment ces fonds mutuels réussissent à se multiplier et prospérer pendant plusieurs années sans apparente loi gouvernementale de réglementation sera le sujet de futures révélations sur le pouvoir des Forces des ténèbres travaillant au sein des banques et des gouvernements nationaux.

Ce trio – banques d'investissement, maisons de courtage et fonds mutuels – créèrent les instruments qui ont drainé des milliards de dollars d'épargnes durement gagnées, épargne que les gens avaient mis de côté pour l'avenir. De plus, ils contrôlent certains canaux médiatiques de la finance qui diffusent 24 heures sur 24 et des journaux qui procurent, telles des majorettes, une certaine euphorie entraînant une multitude de gens à investir leurs économies en titres d'actions.

Le trio travailla dans ce sens: les banques d'investissement créèrent des milliers de compagnies non-viables et les transférèrent au grand public avec l'aide des fonds mutuels. Les investisseurs dupés versèrent leur argent dans les fonds mutuels, les fonds mutuels achetèrent les parts de ces compagnies qui n'avaient ni produits, ni expérience en affaires et dans ses registres, aucune trace de profitabilité.

Dans le but de permettre aux fonds mutuels de donner des rendements élevés aux investisseurs initiaux et ainsi d'en attirer d'autres dans le marché boursier, ils conspirèrent avec les banques d'investissement dans un Plan classique de Ponzi.

Ils introduisirent, à grande fanfare médiatique, les actions de nouvelles compagnies Internet et par arrangements au préalable, les fonds mutuels achetèrent d'énormes quantités de ces actions à bas prix. Le but était d'élever le prix de ces actions. Par des arrangements préalables, un autre fonds commun ferait une offre plus élevée sur ces actions, ensuite un autre achèterait à un prix encore plus élevé et ainsi de suite. Comme les médias rapportent toujours la hausse spectaculaire des actions de certaines compagnies particulières, des millions d'investisseurs privés voulant « entrer dans l'action » se précipitèrent dans le marché payant un prix inflationniste élevé pour ces actions sans valeur, parfois atteignant plus de cent fois leur vraie valeur. Le fonds commun futé qui avait déjà misé à la hausse revend volontiers ces parts surévaluées aux investisseurs privés. Plus le prix des actions prend de l'essor, plus les investisseurs injectent leur argent dans le marché boursier et dans les fonds mutuels. Plus les gens voient le prix des actions s'élever, plus ils vident leurs économies et leurs comptes d'épargnes de retraite dans les fonds mutuels.

Après qu'une certaine masse critique ait été accumulée, les vannes s'ouvraient. Les amis et les voisins se vantaient des énormes rendements qu'ils recevaient de leurs fonds mutuels. Ils prendraient leur retraite prématurément avec de jolis revenus. L'investisseur réticent bientôt ouvrit ses coffres d'épargnes de retraite et les mit dans des fonds mutuels. S'ils n'avaient pas assez d'argent pour acheter des actions, ils empruntaient. Tant d'argent inonda le marché que les fonds mutuels, les banques d'investissement et les maisons de courtage ne pouvaient produire assez de merveilleux dot.com pour satisfaire la demande. Des actions sans valeur commandaient des prix astronomiques.

Pour rentabiliser ce flot d'épargnes qui arrivaient en force sur le marché, le trio commença ainsi à spéculer sur le secteur manufacturier traditionnel et sur l'action de celui qu'on appelle le « blue chip », faisant exactement la même chose, misant artificiellement sur le prix de l'action à la hausse et le libérant ensuite aux retardataires gourmands. Pendant que le public focalisait sur les hauts du boom « dot.com », les télécommunications, l'énergie, les finances, les divertissements, les relations publiques, le système bancaire et les secteurs pharmaceutiques étaient occupés à inventer d'autres voies pour soutirer plus d'épargnes de retraite du peuple.

Les millionnaires « virtuels » qui détenaient des actions hautement gonflées surgirent subitement et les capitales financières se réjouirent qu'une nouvelle ère de prospérité, alimentée par la Nouvelle Économie, fût arrivée. Des investisseurs, gonflés de profits « sur papier », achetèrent plus d'actions encore au prix le plus élevé espérant qu'elles atteindraient d'autres sommets. En marge de ceci, en coulisse, sur les réseaux financiers de télévision, les analystes de maisons de courtage acclamaient et encourageaient les investisseurs à acheter plus, promettant des rendements de plus en plus élevés, mirobolants, triplant les indices du marché. La prospérité pour tous, clamèrent-ils. New York, Londres, Taipei, Hong-Kong etc. étaient emballés.

Les boutiques de marques renommées surgirent comme des champignons. Cafés huppés, restaurants, discos, hôtels exclusifs, croisières luxueuses et lignes aériennes offrant couchette pourvoyaient à cette nouvelle classe de millionnaires « virtuels ». Finalement, le Nouvel Âge et le nouveau système économique étaient arrivés qui ballotteraient et rejetteraient les vieilles théories usées de l'offre et de la demande, des pertes et des profits pour instaurer une prospérité pour tous.

Ensuite vint mars 2000. Le grand dragon étant tué dans les dimensions astrales, la Terre avança dans un mode d'évolution accélérée. Le flux de nouveaux investisseurs dans le marché boursier diminua et les retardataires qui avaient déjà acheté des actions surévaluées commencèrent à paniquer. « Personne ne voulait acheter leurs actions à un prix si élevé! » Dans une vente de panique, ils commencèrent à les laisser aller à n'importe quel prix et ainsi commençait la première phase du crash boursier. Le marché boursier à travers le monde chancela et une panique générale s'ensuivit.

Mais aucun marché ne sombre directement. Comme une bête mourante, il lutte pour ressusciter avant le moment final où il succombe. Le marché boursier se rallie pour ensuite plonger à chaque fois un peu plus bas : ralliement, crash, nouveau ralliement pour ensuite plonger plus bas dans un processus de déclin qui va toucher le fond dans cinq ans peut-être. Cependant, à chaque rallye, les courtiers et les médias encouragent leurs clients à retourner sur le marché pour seulement perdre encore plus d'argent.

Ainsi sera le destin de la grosse bulle boursière des années quatre-vingt dix. Des millions d'investisseurs privés, investisseurs de fonds mutuels pleurent maintenant les énormes pertes qu'ils ont subies tandis que les ventes balaient leurs comptes de retraite. Pourtant, personne ne pose la question cruciale : **Où sont allés les milliards d'épargnes de retraite?**

Le mythe des pertes boursières

L'argent est un outil qu'on retrouve seulement sur notre planète. C'est une forme d'énergie qui est représentée en pièces, billets, cartes de crédit et transferts automatiques. L'argent, comme l'énergie, n'est jamais perdu à moins que vous ne soyez assez fou pour délibérément le brûler. L'argent change tout simplement de mains. Durant la période où l'or était le standard, vous pouviez fondre une pièce d'or et elle gardait toute sa valeur. En d'autres termes, l'argent est indestructible et passe de main en main.

Vous perdez de l'argent lorsque vous êtes victime d'un vol ou d'une escroquerie. Si vous êtes le perdant, il y a nécessairement un gagnant. C'est très simple car l'argent est la manifestation d'une énergie cosmique indestructible. Qui est donc le gagnant dans cette grande orgie d'argent des années quatre-vingt dix?

1. Voleurs corporatifs

Aujourd'hui, les journaux mentionnent tranquillement les vastes sommes d'argent que les agents corporatifs dissipent pour créer un système de câbles à large bande sous-marins qui couvrent toute la planète et que personne ne peut utiliser, des gratte-ciels de haute technologie, des édifices à bureaux et centres d'achat, satellites, jets privés, clubs privés, résidences et autres. Les dirigeants pillent leurs compagnies avec des salaires engraissés, encaissent les options boursières en profitant d' « informations privilégiées », déversent des actions sans valeur que le public peut acheter, se font eux-mêmes des prêts illégaux et transfèrent ces énormes sommes dans des corporations « offshore » et complotent avec des vérificateurs grassement payés pour brouiller les comptes et duper le public.

Par définition, les régisseurs gouvernementaux ont réagi, plutôt que d'anticiper, les grands crimes du monde corporatif et ainsi sont arrivés trop tard pour stopper ces malveillances. Aujourd'hui, ils essaient de reconstruire certains cas mais l'ampleur de cette malveillance corporative ne sera jamais connue car beaucoup d'officiers corporatifs ont déjà décampé avec leur butin laissant leur compagnie en faillite entre les mains des débiteurs. Plusieurs ont disparu dans des paradis en mer, établis ailleurs il y a quelques années dans le but de protéger les fugitifs financiers d'éventuelles accusations. Plusieurs auront changé de noms, obtenu de nouveaux passeports et de nouvelles cartes d'identité avant de reprendre leurs activités.

Trop d'argent s'est écoulé dans les mains des corporations et la tentation est devenue irrésistible: les conseils d'administration, les comités exécutifs et les directeurs financiers complotèrent avec leurs experts-comptables pour filer avec des milliards en les transférant outremer dans des compagnies bidon couvrant ces vols avec des stocks et dérivés gonflés.

Plusieurs investisseurs naïfs ont essuyé des pertes considérables mais ne réalisent pas que ces pertes représentent des gains massifs pour ces forces. Les banques d'investissement ont établi ces compagnies, mis leurs propres personnels au gouvernail, créé l'enthousiasme des médias par rapport aux affaires futures, encouragé les investisseurs à acheter des actions dans la compagnie, manipulé le prix de ces actions sur le marché boursier jusqu'à ce que la compagnie ait dans ses livres comptables une évaluation artificiellement élevée. Ils ont ensuite pillé les biens de la compagnie. Lorsque la valeur boursière s'est effondrée, tout ce qui restait n'était qu'une coquille vide en faillite.

Ces crimes flagrants contre les investisseurs auraient dû être suffisants pour fermer à jamais le marché boursier mais ils continuent de tromper ceux qui investissent encore dans l'espoir de recouvrer leurs pertes. Les actionnaires ripostent maintenant, les poursuites abondent contre les comptables, les maisons de courtage, les comités exécutifs et les personnes qui devaient protéger le public, les experts-comptables. Tout le monde est en colère et à juste raison. Malheureusement, et nous voulons vous faire remarquer que ceci n'était qu'une mise en scène orchestrée et planifiée soigneusement pour détourner votre attention des vrais crimes qui sont perpétrés.

Aussi, de connivence avec les Forces des ténèbres, la plupart des exécutifs corporatifs ne sont que des façades : attrayants et très compétents, placés dans des positions-clé pour attirer l'argent des investisseurs par leurs charmes et leurs contacts médiatiques. La plupart de l'élite corporative dans les banques d'investissement et l'industrie du courtage sont de jeunes âmes impressionnables, assez naïves que pour se laisser éblouir par la perspective de faire beaucoup d'argent, perspective que naturellement les Forces des ténèbres nourrissent. En ayant recours à leur convoitise et à leur besoin d'être reconnu par les médias, ils servent essentiellement de boucs émissaires d'une machination beaucoup plus insidieuse et complexe que le public ne peut imaginer car nous ne voyons jamais ceux qui actionnent les boutons et manipulent le marché. Les boucs émissaires se sont fait prendre les mains dans le sac pendant que les autres, assez rusés, échappent aux examens, poursuites et accusations.

Le public continuera à étaler son désarroi devant les médias ou en cours, mais chose certaine, il ne retrouvera jamais son argent. Alors que l'attention du public est retenue dans les laborieuses poursuites des voleurs corporatifs, des milliards supplémentaires vont disparaître. Encore une fois, où ira réellement l'argent?

2. Dette corporative

L'investisseur prive qui a acheté des actions ou peut-être des obligations a échangé son argent contre un papier appelé certificat d'actions corporatives. Il croyait avoir acheté une part de la compagnie et ainsi pensait partager les profits (ou les pertes) de cette compagnie. Ces corporations dépensèrent jusqu'au dernier sou le capital de ces ventes d'actions sur des projets extravagants. Pour survivre, ils mirent en garantie les biens de la corporation et empruntèrent d'énormes sommes d'argent pour les renflouer.

Sans qu'il en soit conscient, les actions que l'investisseur pensait avoir achetées perdirent leur valeur lorsque la corporation offrit l'actif de la compagnie en collatéral pour emprunter de l'argent. Les médias dépeignant un avenir des plus rose, les investisseurs naïfs continuèrent d'acheter les actions sans valeur de la compagnie sur le marché boursier à un prix élevé. Ces valeurs surestimées d'actions devinrent la seule valeur de la compagnie. Tant et aussi longtemps que le marché boursier demeure enflammé, la corporation endettée ne sera pas exposée.

Le crash du marché boursier de mars 2000 exposa de plus en plus de corporations qui n'étaient que des coquilles vides, très endettées et au bord de la faillite. Qu'est-il devenu de l'argent que ces corporations ont emprunté sur les biens de l'actif de la corporation? Il a disparu dans le trou noir des dérivés.

3. Dérivés : Le trou noir

Plusieurs se souviendront de ce jeune courtier ingénieux qui, à Singapour, a perdu une fortune sur les dérivés et ainsi entraîna la chute d'une des banques les plus vénérées d'Angleterre. Comment un employé peut-il faire chuter toute une banque? Simplement en spéculant sur les dérivés.

Les plus grandes Bourses au monde ont inventé les dérivés pour attirer plus d'argent sur le marché. Avec un dérivé, le spéculateur achète le droit de miser sur la direction d'un certain marché. Par exemple, un investisseur achètera un contrat à terme sur l'or dans l'espoir que le prix de l'or va monter ou descendre. Nous soulignons que l'investisseur peut faire de l'argent avec un marché à la hausse ou à la baisse, pas seulement un mouvement vers le haut. S'il mise sur un marché à la baisse et que le marché baisse effectivement, il gagne et vice sera. Si le marché ne va pas dans la direction qu'il anticipait, il perd son argent.

Investir dans les produits dérivés est simplement un pari, une sorte de jeu, de spéculation bien que masqué par une forme d'investissement légitime. C'est très hautement spéculatif et risqué.

Le pillage du secteur privé

En plus des offres provenant du public, nous savons qu'il existe aussi un marché de dérivés privés dont les paramètres sont très peu connus. Ce qui est important de se rappeler au sujet de ces marchés de dérivés, c'est que *pour chaque gagnant il y a un perdant* et voila la clef pour élucider où va tout l'argent.

C'est un jeu traître parce que les marchés sont manipulés. Les Forces des ténèbres sont si puissantes qu'elles peuvent influencer les prix futurs des commodités vers une direction voulue. Par exemple, elles vont manipuler le prix de l'or en achetant des milliers de contrats à terme. Ce geste-là va faire monter le prix de l'or. Elles feront savoir aux médias que le prix de l'or grimpe et qu'il va atteindre un certain niveau élevé vers la fin de l'année. La tendance vers la hausse est ainsi établie.

Suite à une rumeur, des milliers d'investisseurs, corporations, banques et fonds mutuels se précipitent pour acheter des contrats à terme sur l'or en misant que le prix de l'or atteindra un certain prix élevé vers la fin de l'année. Le fait que les investisseurs se précipitent dans le marché est une réalisation temporaire de la prophétie car elle est la cause du prix de plus en plus élevé de l'or. Lorsque le prix atteint un niveau suffisamment élevé pour permettre un bon profit, les Forces se retirent et réalisent d'énormes gains.

Si le marché de l'or continue à grimper, les Forces reviennent et vendent le marché de l'or « à découvert » ou misent sur un marché à la baisse. Ceci crée une petite panique et les gens commencent à vendre. Comme le prix de l'or redescend, les

Forces emmagasinent une autre grosse somme de profits.

A cause de leurs pouvoirs financiers, les Forces des ténèbres peuvent décider de la direction que doit prendre le marché. Elles commencent par séduire les investisseurs, les corporations, les fonds de pension et les banques à investir, leur « permettant » un bon rendement sur leur argent. Ceci les encourage à investir de plus grosses sommes en dérivés et une fois de plus ils réalisent d'autres bons profits. Après ces gains, confiants, ils investissent un pourcentage encore plus grand de leur portefeuille en dérivés. Avec le marché des dérivés, gonflé par l'attente que tel marché ira dans un sens, les Forces des ténèbres rentrent dans le marché et le pousse dans la direction opposée. Les investisseurs perdent tout et les Forces ramassent des sommes énormes d'argent.

Voici le mécanisme principal par lequel des milliards en espèces sont drainés des coffres des corporations et des banques mondiales vers les coffres des Forces des ténèbres. Pour chaque perdant corporatif ou individuel, il y a un gagnant des Forces Adverses. Et les vainqueurs récoltent des milliards.

Fusions et acquisitions

Lorsque la grande bulle du marché boursier était à son apogée, il y eut une vague de fusions et d'acquisitions parmi les compagnies des nouveaux paradigmes. Les sociétés de portefeuille achetèrent et vendirent les compagnies comme de simples commodités. Cumulant les valeurs gonflées des actions d'une compagnie, elles payèrent le gros prix pour leurs acquisitions, défiant tout bon sens d'affaires qui veut qu'on achète à bas prix et revende à prix élevé. Dans la plupart des cas, la seule valeur des acquisitions était celle de ses actions surévaluées.

Lorsque la compagnie A voulait acheter la compagnie B, elle n'achetait pas simplement les actions gonflées de B mais elle devait débourser une prime d'acquisition, une prime de « bonne foi ». Certaines compagnies payèrent des milliards en primes de bonne foi, signifiant qu'elles payaient des milliards pour de l'air. La fanfare médiatique, l'enthousiasme et les applaudissements des partisans accompagnaient joyeusement chacune de ces transactions dans le but de séduire plus d'investisseurs à acheter les actions de ces fusions nouvellement créées et de soutenir leurs valeurs élevées.

Des milliards changèrent de mains durant cette frénésie de fusions et d'acquisitions et ceux qui se sauvèrent les poches pleines étaient les mêmes qui avaient manipulé et forcé le marché à cette hauteur. Ce jeu lucratif et apparemment sans fin se termina avec la plongée du marché boursier mais il serait plus juste de spéculer que le montant des pertes subies par d'innocents investisseurs, toutefois gourmands, sont placées bien en sécurité dans les banques en Suisse.

Les fonds mutuels : L'ultime trou noir

Nous avons souligné plus haut la nature particulière des fonds mutuels. Ils font ce qu'ils veulent avec votre argent et vous n'avez absolument aucun recours excepté de retirer les fonds qu'ils vous restent. Il n'y a aucun tiers parti de vérification et leurs rapports financiers annuels aux investisseurs sont de vraies œuvres de fiction. Le moindre que nous puissions dire est que ce qui se passe dans les salles secrètes des quartiers généraux des sociétés de fonds mutuels se fait au détriment de l'humanité. Tout comme les services d'imposition, ils ne répondent à aucune autorité. Ils font ce que bon leur semble et personne ne contrôle et vérifie leurs actions. Les directeurs disent que les pertes sur le marché boursier causent leurs propres pertes. Mais, le font-elles? Comment le public peut-il savoir puisque ces fonds n'ont aucune obligation de rapporter leurs gains ou leurs pertes.

Le phénomène des fonds mutuels a distordu les soi-disant forces du marché à la Bourse où le libre échange des actions est claironné. A la place de millions de petits investisseurs sur le marché des échanges, quelques milliers de gestionnaires, directeurs de fonds mutuels contrôlent des milliards de dollars en actions et sont ainsi capables de manipuler les hausses et les baisses de certaines actions. Ils contrôlent ainsi le mouvement de l'indice boursier avec leurs immenses détentions d'actions corporatives. Finalement, avec les énormes blocs d'actions qu'ils détiennent, ils décident aussi qui siège au conseil d'administration de ces compagnies.

Pendant ce temps, les investisseurs de fonds mutuels observent leurs investissements diminuer, mois après mois, espérant qu'arrivent les grandes promesses d'une retraite sécuritaire. Les plus intelligents ont déjà retiré ce qui reste de leur capital. Ceux qui espèrent encore s'accrochent tandis que ces pertes grugent graduellement leur capital. Lorsque le public se réveillera de cette supercherie massive, les fonds mutuels se seront écroulés tout comme les autres organisations lourdes et pesantes. La plupart des trillions que les investisseurs ont perdus seront retracés dans les sombres méandres des transactions dans lesquelles les fonds mutuels se sont engagés sans vérification et compte-rendu extérieur, dans le marché des dérivés.

Ces sinistres inventions des Forces des ténèbres forment l'ultime trou noir, l'entonnoir qui mène aux banques suisses. Tout comme les marchés s'effondreront graduellement durant les quelques prochaines années, de même les piliers de la finance s'écrouleront.

La fin est proche

Nombreux sont ceux qui, ayant retiré leur argent du marché assez tôt et sauvé le restant de leur capital, se sont précipités pour investir dans l'immobilier; encore une fois, cette précipitation folle créa une autre grosse bulle, celle de l'immobilier. Les compagnies de finance, les courtiers immobiliers et les banques, sans hésitation, accordèrent des prêts hypothécaires à ces acheteurs. Une fois la signature des emprunteurs obtenue sur les formulaires de prêts, ils vendirent les hypothèques à des corporations d'hypothèques secondaires en dehors du système bancaire. Afin d'acheter ces hypothèques, ces compagnies d'hypothèques secondaires par la suite empruntèrent l'argent en émettant des actions et des dérivés sur ces actions.

À travers ce dédale tortueux d'emprunts, ces institutions non bancaires des Forces des ténèbres détiennent indirectement la plupart des propriétés achetées par le biais d'une hypothèque. En d'autres termes, si vous ne possédez pas un bien immobilier à 100%, celui qui détient l'hypothèque en est le vrai propriétaire, lui-même endetté envers les Forces des ténèbres.

En raison de la déflation économique mondiale, de plus en plus de personnes vont perdre leurs emplois. Ils vont différer leurs paiements. Ne pouvant honorer leurs paiements d'hypothèque, ils se retrouveront dans la rue. Ces sinistres corporations de secondes hypothèques vont prendre possession de la propriété.

Lorsque le défaut de paiement d'hypothèque atteindra un point critique, les corporations de deuxièmes hypothèques vont s'effondrer laissant un énorme champ de propriétés. Ceci sera le présage de la fin de l'étreinte financière que les Forces des ténèbres exercent sur le monde et les piliers de la finance qui ont pris des siècles à construire tomberont, comme des dominos, les uns après les autres.

* * *

Le pillage du secteur privé

L'autre monde

Dans les sections ci haut, nous avons appris comment les Forces des ténèbres concentrèrent leurs efforts sur les pays riches du monde durant les dernières années du $20^{\text{ième}}$ siècle. Elles ont été capables de drainer l'argent des populations riches à l'aide de machinations savamment tramées servant à exploiter le système de libre-échange de l'Occident. Ceci ne signifie pas qu'ils ont ignoré le reste du monde.

La majorité de la population sur cette Terre arrive tout juste à survivre et encore moins investir pour spéculer à la Bourse. Les masses appauvries du monde sont divisées parmi plusieurs états souverains. Nous mentionnons le terme « souverain » parce beaucoup peut être accompli à l'intérieur des limites de pays souverains pauvres, loin du contrôle et de la vérification du public international.

Incapables de soutirer des peuples pauvres un revenu d'impôts significatif sinon à la pointe d'un fusil, et, de plus, de peur de les pousser à se révolter par désespoir, les Forces des ténèbres ont plus ou moins utilisé la méthode féodale pour contrôler les capitaux.

Il y a une certaine classe favorisée qui se démarque invariablement des situations de pauvreté. C'en est une qui est intimement reliée à celles qui détiennent le pouvoir au sein de la bureaucratie gouvernementale. Les échanges intimes entre le gouvernement et cette classe favorite favorisent normalement l'exploitation des ressources naturelles majeures des pays, comme les mines de minéraux, les plantations, la drogue, le ciment ou le pétrole brut. La classe favorite paie grassement les officiels des gouvernements pour obtenir certaines concessions et applique ou obtient le savoir-faire et le capital pour exploiter ces ressources. Des montants énormes de ces concessions passent par ces deux parties et sortent invariablement du pays pour être versées dans les banques étrangères suisses ou les paradis fiscaux d'outre-mer.

Les officiels des gouvernements s'enrichissent et habitent les plus belles résidences des pays. La classe favorite aime la vie du « jet set ». Elle vit souvent à l'intérieur de clôtures ou de communautés murées entourées de haute sécurité, normalement sur des plateaux ou terrains surplombant les capitales. Certains étalent leurs biens devant les masses pauvres car souvent ils sont aveugles et insensibles face à la misère d'autrui. Souvent, les familles de la classe favorite se marient avec les familles de même classe d'autre pays pour favoriser un réseau d'affaires et un réseau social les reliant.

Ils possèdent des jets privés qui les transportent, avec leurs gardes et leurs domestiques dans les meilleurs restaurants et boutiques des principales capitales du monde. À chaque voyage, ils transportent d'énormes sommes d'argent qu'ils déposent dans les comptes de banques suisses ou des paradis fiscaux d'outremer.

Les Forces des ténèbres exploitent tout ce qu'ils peuvent, utilisant les méthodes les moins sophistiquées de leur racine atlante. Les populations pauvres fournissent la main-d'œuvre bon marché pour exploiter ces concessions. Dans certains pays, les gouvernements des grandes concessions fournissent des rations de nourriture qui limitent les portions à ce qui est prescrit sur la carte de rationnement. Ceci est une façon par laquelle les Forces contrôlent les masses. Quelle personne affamée va se révolter contre l'autorité qui contrôle ses rations de nourriture ?

Quoique l'exploitation des pauvres continue d'une manière très féodale, ce sont des joueurs mineurs comparés aux machinations lucratives des marchés financiers dans les économies plus avancées. Notons ici que les Forces des ténèbres sont aux quatre coins de la planète tissant leur emprise financière sur l'humanité. Peu importe la pauvreté du peuple, ils ne cessent d'en extorquer toujours plus, même si le peuple est au bord de la famine. Heureusement, quelques âmes avancées ont choisi de s'incarner parmi ces classes favorites et luttent contre ces pratiques. Tout devrait être dévoilé dans l'Armageddon et l'emprise que ces dictateurs et leur entourage ont sur l'humanité sera chose du passé.

La mort lente et agonisante du dragon

Lorsque le nouveau millénaire arriva, les Grands Êtres Cosmiques qui surveillent la Terre dirent « c'est assez ». Dans un sens, ils appuyèrent sur l'accélérateur et la Terre passa à un rythme accéléré apte à rendre les Forces des ténèbres démentes et finalement les éliminer du plan Terrestre.

Les effets sur le marché boursier furent presque immédiats. La fête se termina en mars 2000 lorsque la première vente de panique commença. Les investisseurs les plus intelligents se doutaient bien que cette euphorie ne pouvait pas durer toujours et que peut-être, juste peut-être, ils détenaient des avoirs gonflés, sans valeur réelle. Ils se retirèrent tout de suite. L'investisseur naïf et confiant, celui qui suit ses instincts gourmands plutôt que sa raison resta dans le marché espérant que les bons temps reviennent. Mais les marchés boursiers à travers le monde continuèrent à perdre du terrain, leur baisse effaçant les affaires non valables des « dot.com » et entraînant avec elles des pertes pour les plus conservatrices des entreprises, les « blue chip », au bord de la faillite. Des millions d'investisseurs, restés dans le marché avec l'encouragement et l'empressement de leurs courtiers et conseillers perdirent des trillions de dollars. Ceux qui s'accrochent avec même le plus mince filet d'espoir que le marché se redresse perdront encore plus.

Les directeurs de la Bourse mondiale aujourd'hui continuent encore de convaincre les investisseurs que la baisse n'est qu'une correction à court terme. « Restez dans le marché pour le long terme, peu importe la baisse et dans quelques années tout sera bien » nous chantent les médias. Pourtant l'économie mondiale continue à décliner. Des milliards supplémentaires seront perdus à mesure que les piliers de la finance mondiale plongent dans l'abîme.

Comme pour les dérivés, les marchés sont structurés de telle sorte que les manipulateurs gagnent aussi bien avec un marché à la hausse qu'à la baisse. Les Forces qui ont engrangé les profits dans le marché à la hausse le feront aussi avec le marché à la baisse. La grande différence cette fois-ci sera que les institutions et les outils utilisés pour soutirer et amasser les biens seront de plus en plus affaiblis à chaque baisse jusqu'à ce qu'elles soient détruits pour ne plus jamais revenir. C'est le grand dragon qui prend son dernier souffle avant sa fin ultime.

Les Forces des ténèbres savent que leurs jours sont comptés et, par désespoir, vont tenter d'entraîner toutes choses et tout le monde avec elles. Elles ont versé des milliards à la Bourse, question de repousser le plongeon qui a débuté en 2000 et elles sèment l'illusion d'une véritable reprise économique. Ce faisant, elles vont attirer les investisseurs sceptiques afin de se sauver avec leur argent après que les facteurs fondamentaux du marché aient encore une fois pris le contrôle et forcé le marché à la baisse. Combien de fois encore vont-elles jouer cette carte au public? Cela dépend de la crédulité de celui-ci mais graduellement, durant les quelques prochaines années, ce processus va s'éteindre et la Bourse deviendra silencieuse.

Le prix du consentement

Le transfert massif d'argent de millions de comptes d'épargnes et de plans de retraite dans les coffres des Forces des ténèbres ne s'est produit qu'avec le consentement des âmes innocentes de l'humanité. Lorsque les gens se réveilleront et se rendront compte de tout ce qui s'est passé, ils se retourneront contre toutes ces institutions qui les ont volé plutôt que servi. Ils prendront d'assaut les fonds mutuels, proscriront le marché des dérivés et proscriront même le marché boursier. Personne ne pourra nier que les Forces des ténèbres auront simplement installé des trappes et que sans trop réfléchir, les personnes motivées par la cupidité ou les rêves dépeints par les agents de ces Forces se seront engagées volontairement dans ces trappes.

Alors que les piliers des systèmes financiers s'effondrent graduellement et soient drainés de leur argent, les Forces des ténèbres vont se tourner vers leur autre spécialité, le bellicisme, dans une tentative désespérée de maintenir leur emprise sur l'humanité.

Chapitre 6

Les maîtres de guerre
« La vérité est la première victime de guerre »

La menace du terrorisme demeure présente dans l'esprit de chacun aujourd'hui, en particulier parce que les médias nous rapportent l'un après l'autre des récits d'attaque. Mais, avec un peu de recul, on pourrait se poser la question, est-ce possible que ces attaques ne soient rien de plus qu'un scénario bien répété de la part des Forces des ténèbres? Est-ce possible que la lutte contre le terrorisme ne soit qu'un jeu d'échec plutôt qu'une croisade, tel qu'on peut le penser? Est-ce que ces actes de terrorisme ne seraient pas plutôt des évènements bien planifiés afin d'augmenter la peur et d'influencer l'opinion publique favorable à la guerre?

Ce serait tellement plus facile d'accepter le scénario rapporté par les médias en ce qui concerne les évènements du 11 septembre. Logiquement parlant, on devrait se poser des questions par rapport à ce qui s'est passé. Comment est-ce que la nation la plus forte au monde, militairement parlant, permet à des *gredins* des cavernes de l'Afghanistan de soudainement, et ce en moins d'une heure, attaquer de manière très réussie les deux édifices de la ville de New York les plus renommés financièrement parlant, et puis d'attaquer le Pentagone sans qu'il y ait de représailles?

Oui, pour autant que ce soit difficile de l'imaginer, l'attaque sur le World Trade Center à New York le 11 septembre 2001 à été magnifiquement chorégraphiée devant nos caméras et diffusée à travers le monde. Cela s'est déroulé à merveille parce que, en vérité, ce n'était pas une coïncidence mais bien un scénario très bien orchestré.

N'est-ce pas étrange que si peu de personnes posent des questions sur ces évènements et que ceux qui le font passent pour des fous? De notre point de vue, nous pouvons affirmer que ce n'était pas l'œuvre de terroristes venant de l'Afghanistan. Ce n'était pas l'œuvre d'un culte quelconque nommé les Talibans. C'était bel et bien l'œuvre des Forces des ténèbres dont nous avons parlé ci haut. Ceci fait partie d'un projet de plus grande envergure qui sert à créer une crise mondiale et à préparer le terrain pour l'état de guerre.

L'attaque sur le World Trade Center et le cheminement de la guerre en Iraq ressemble beaucoup aux évènements qui ont menés à la guerre au Vietnam, exception faite que pour l'un, c'était la menace du communisme et pour l'autre, le terrorisme. Encore une fois, logiquement parlant, est-ce que ce tout petit pays dans le sud-est de l'Asie représentait vraiment une menace pour les États-Unis? Toute personne intelligente pouvait se rendre compte que le Vietnam ne représentait pas une menace directe sur la sécurité des États-Unis; cependant après l'assassinat de leur obstacle principal, le président Kennedy, et l'incident du golfe de Tonkin, les Forces des ténèbres ont convaincu Washington D.C. d'envoyer des milliers et des milliers de jeunes hommes sacrifier leurs vies, perdre leurs esprits et perdre leurs membres. Pour quoi?

Qu'est-ce qu'ils défendaient vraiment? Quelle était la vraie menace? Le communisme? Le comble c'est qu'après cette longue guerre tragique, les communistes ont bel et bien pris le Vietnam sans que cela ne présente de menace aux États-Unis. Toute personne réfléchie savait qu'il n'y avait pas plus de menace dans les années soixante, qu'il y en a aujourd'hui de la part d'un groupe de soi-disant terroristes qu'on pourrait trouver sur cette planète.

Les guerres – évènements planifiés et orchestrés

On pourrait se poser la question : dans quel but les Forces des ténèbres veulent-elles créer une guerre? Il n'y a rien de tel qu'une guerre moderne, si dépendante de la haute technologie et d'une gamme très vaste de matériel logistique, pour faire tourner les usines, pour augmenter le taux d'emploi et pour remplir les comptes en banques. Donc, comme au cours des incarnations précédentes, les Forces des ténèbres continuent à planifier, projeter et exécuter la guerre à ses fins.

Est-ce qu'on peut considérer l'attaque sur le World Trade Center comme étant une scène parmi tant d'autres qui fait partie d'un projet complexe pour préparer le public à la guerre? Une guerre n'éclate pas spontanément. C'est un évènement planifié, projeté méticuleusement pendant des années. Prenons l'exemple de la guerre en Iraq pour laquelle il aura fallu au moins dix ans de planification. Il faut des années pour concevoir et construire des avions, des missiles, des navires, des satellites et tout le matériel de guerre. On le justifie rationnellement souvent sous le prétexte d' « être prêt ». Aujourd'hui les médias sont avisés d'avance et transmettent la mobilisation étape par étape. Est-ce que le journalisme de guerre ne semble pas être un grand spectacle que la population retrouve aux nouvelles télévisées?

La guerre a un autre objectif insidieux : elle détourne l'attention du public de son petit train de vie vers certains projets qui, en devenant loi, enlèvent certains droits dont jouit la population. En cas d'urgence, la loi martiale peut effacer certains droits acquis depuis des décennies. Il suffit de regarder les séquelles de la deuxième guerre mondiale, lorsque la moitié du monde – l'Union Soviétique, l'Europe de l'est, l'Asie Centrale, la Chine, la Corée du Nord et le Sud-est Asiatique - a connu un régime dictatorial. Même aujourd'hui, les soi-disant mesures de sécurité aux aéroports et aux frontières sont conçues pour conditionner la population à se faire fouiller, à devenir soumise, à être passive, à abandonner sa liberté et à restreindre ses allées et ses venues à volonté. Ce sont des copies conformes d'anciennes pratiques de répression.

Nous verrons encore d'autres projets devenir lois afin d'usurper les droits acquis des générations précédentes. Toute législation peut être justifiée par de longs discours alambiqués. Par exemple, chaque citoyen a le droit d'avoir une arme à feu, droit garanti par la constitution américaine. Nous ne sommes pas partisans des armes à feu mais nous voulons vous rappeler qu'à l'origine, les fondateurs de la constitution américaine voulaient s'assurer que chaque citoyen puisse défendre son droit d'être gouverné par le peuple, pour le peuple, si jamais les hommes au pouvoir se retournaient contre eux.

La guerre à tout prix

Lorsqu'une guerre est planifiée méticuleusement, elle prend automatiquement de la vitesse. Elle aura lieu à tout prix et les Forces des ténèbres écraseront toute personne ou toute chose qui se trouve dans son chemin. Un gouvernement, initiateur de guerre, mentira ouvertement mais mal à ses citoyens quant au nombre de morts, aux coûts matériels, et aux conséquences de la guerre. En réalité celui qu'on nomme l'ennemi fait aussi partie du jeu. Les gouvernements engageront les médias pleinement pour chanter leur justification et leur point de vue jusqu'à ce que ce soit ancré dans la tête de chaque citoyen. Ceci peut paraître brutal et bestial mais cela reflète vraiment à quel point leur taux vibratoire est peu élevé.

Dans la réalisation cinématographie *JFK* d'Oliver Stone, le générique aurait dû lire « dirigé par J.F.K. lui-même » puisque c'était vraiment ainsi. L'âme de l'ancien président J.F. Kennedy a demandé à maintes reprises aux autorités de la Fraternité de pouvoir raconter au public la vraie histoire concernant son assassinat. On lui a permis d'exaucer ses vœux. Hormis quelques faits, le film a représenté le scénario tel qu'il s'est vraiment déroulé. Il a su exposer la fausse théorie sur la balle magique : celle qui a tué le président, qui a fait des ricochets pour toucher le gouverneur du Texas. Un article a récemment paru dans les journaux pour valider la version officielle de l'assassinat. Lors d'une entrevue télévisée, l'ancien gouverneur du Texas et sa femme, qui partageaient la limousine avec le président, ont confirmé que plusieurs balles les avaient frappés. Malgré leur témoignage, le rapport officiel du gouvernement sur l'assassinat du président reste inchangé.

Ce qui est plus choquant, M. Oswald, qui n'a pas tiré de balle, est cependant celui inscrit dans l'historie comme étant l'assassin de John F. Kennedy. En fait, il a servi de bouc émissaire dans un complot beaucoup plus complexe. Le film a aussi souligné qu'en moins de 24 heures, la biographie complète de M. Oswald faisait la une à travers le monde comme si cela avait été préparé d'avance pour être diffusé. Surprenant!

En vérité, le président Kennedy fût assassiné simplement parce qu'il refusa de donner son accord à la guerre au Vietnam. Nous soulignons ce triste évènement pour démontrer au lecteur à quel point les Forces des ténèbres imposent l'agenda de guerre à la population. Ils voulaient démontrer que même si un président des États-Unis s'oppose au projet de guerre, il sera éliminé. « Nous pouvons assassiner votre président en plein jour, devant vous tous, n'est-ce pas? »

L'assassinat souligne aussi la pression qu'exercent les Forces des ténèbres à travers le monde pour faire passer leur agenda. Le successeur du Président Kennedy n'a pas tardé à signer l'ordre d'envoyer cinq cents mille soldats à la guerre.

Une fois la guerre au Vietnam bien amorcée, les forces des ténèbres ont déclenché le sabotage du mouvement de la paix au Vietnam. De nombreux journalistes du jour croient que la chanteuse et avocate pour la paix, Janis Joplin, a été tuée. Elle n'est pas morte d'une surdose d'héroïne auto administrée, pas plus que Jimmy Hendrix, cette même année. C'était bien connu qu'ils prenaient tous deux de la drogue, mais logiquement parlant, on sait que les habitués de drogues, tout comme des chimistes, savent quelle dose prendre pour atteindre un « high ». Ils ne sont pas portés à prendre une énorme dose tout d'un coup.

Le coroner du comté de Los Angeles a témoigné lors de son autopsie que le corps de Mlle Joplin contenait une quantité d'héroïnes quarante ou cinquante fois plus fortes que ce qu'on pourrait trouver sur la rue. Est-ce que quelqu'un aurait pu lui administrer cette dose? Nous regrettons de vous informer que c'était bien le cas.

Pourquoi est-ce que les Forces des ténèbres ont centré l'attention sur ces deux musiciens? En 1969, un an avant leur décès, eut lieu le concert de paix à Woodstock et, au grand étonnement des autorités, il n'y eut aucun incident parmi les jeunes provenant de tous les États-Unis rassemblés au nom de la paix. Il n'y a eu ni morts, ni meurtres, ni violence – un rassemblement paisible. Lorsque les Forces des ténèbres se rendirent compte que ce genre d'évènement risquait de se reproduire à maintes reprises, ils ciblèrent immédiatement leurs leaders et en moins d'un an, en 1970, ils étaient tous morts. Quelle coïncidence !

Contrecarrer les efforts des Forces des ténèbres donne souvent lieu à des évènements tragiques parce qu'ils sont toujours en veille pour repérer des personnes ou des groupes qui réussissent à promouvoir l'unification ou une cause réunificatrice. Leurs méthodes n'ont pas changé depuis le temps de M. Adolf Hitler, dont la devise était « diviser et conquérir; diviser et conquérir ».

Les Forces des ténèbres perpétuent et enflamment délibérément les tensions raciales, les conflits ethniques, soit toutes différences, afin d'attirer l'attention des gens sur la haine, les différences raciales, la supériorité d'une race par rapport à une autre. L'UNIFICATION est leur ennemi. L'ennemi sera toute personne qui voit ressemblance au lieu de différence. Aujourd'hui les mêmes méthodes existent. Les Forces des ténèbres ont prévu des marionnettes de haine telles qu' Osama Bin Laden. On montre sa photo à la population pour promouvoir la haine, pour le faire détester, dans ce cas, pour des raisons religieuses.

La propagande belliciste devient donc leur activité première, la culmination d'années de planification. De par leur puissance financière considérable, ils peuvent emballer la population à faire la guerre les uns contre les autres pour se faire encore plus d'argent. Ce cycle vicieux se répète une fois après l'autre, siècle après siècle de notre civilisation actuelle. En se faisant, ils resserrent la corde autour du cou des moutons qui suivent, en leur ôtant de plus en plus de liberté et de droits.

Utilisez votre imagination pour comprendre comment les organismes ténébreux se servent de la dette nationale des nations-clé pour exercer leur pouvoir et leur influence sur les hommes-clé des pays endettés. S'il fallait que les États-Unis aient à rembourser l'entièreté de sa dette, ce pays tomberait à genou. Donc quand certains pays font la guerre au nom d'un idéal quelconque qu'ils nomment à ce moment là, nous devons nous souvenir qu'ils répondent à des forces beaucoup plus puissantes en-dehors de leur frontière.

Lorsque nous faisons l'analyse des guerres de notre époque, nous pouvons conclure que les deux côtés sont essentiellement du même côté, celui des Forces des ténèbres. Nous soulignons à nouveau que les Forces des ténèbres n'ont pas de citoyenneté. Ils exploitent simplement division et conflit à travers le monde de façon à créer la guerre. Si un pays potentiellement combatif hésite à déclarer la guerre, ils créeront des conditions et des justifications pour que ce pays déclare bel et bien la guerre!

Toute guerre est un conflit entre la lumière et les ténèbres. Les Forces des ténèbres manipulent les combattants à faire la guerre en utilisant n'importe quel levier financier ou sophisme pour les encourager. Ces guerres « enflammées » réussissent tant que nous ne prenons pas la bonne position car, selon la loi cosmique, nous consentons par notre silence; nous devons donc dire « Non, c'est assez! ».

Chacun de nous, directement relié à Dieu, doit se tenir du côté de la Lumière et envoyer Amour et Lumière sur les peuples combattants. Voila la vraie position à prendre.

Lorsque nous envoyons des rayons d'Amour et de Lumière sur deux peuples combattants, chacun pourra remarquer que les plans font défaut, que les missiles tombent à côté de la cible, que les grenades et les mines sont désactivées, qu'il y aura de plus en plus d'incidents de « feu allié ». Les employés au ministère de la guerre mettront en question leurs actions, et la mort d'un innocent sera répulsive à son meurtrier. Les leaders des deux côtés seront amenés à se rendre compte qu'il n'y aura aucun vainqueur de toute la misère crée. Au fur et à mesure que nous enverrons Lumière et Amour, les fusils deviendront peu à peu silencieux. Il y a une fin à toute guerre.

Le triomphe ultime de la Lumière

Nous entamons ainsi l'époque prévue jadis dans les textes sacrés de nombreuses religions du monde. C'est la fin du cycle où la Terre a décidé qu'elle en a assez de la situation actuelle. C'est aussi le moment où les Forces des ténèbres rallient leurs pouvoirs pour précipiter une dernière attaque, une autre guerre mondiale, la Troisième Guerre Mondiale dans les années à venir. Mais cette fois, les Maîtres de la Grande Fraternité de Lumière relèveront ce défi ultime et débarasseront la Terre des Forces des ténèbres une fois pour toutes. Ce sera une époque où le Maître Sanctus Germanus mènera les Forces de la Lumière dans un revirement magnifique et la libération des âmes trouvera son chemin sur Terre. Ce sera en quelque sorte une guerre entre eux et lui, et toutes les âmes devront choisir de quel côté se tenir. Voilà l'essentiel de l'Armageddon d'aujourd'hui.

Note sur la maladie et la peste

Pour reprendre le contrôle de la scène mondiale pendant l'Armageddon, nous prévoyons que les Forces des ténèbres auront recours à de nombreuses stratégies. Ils essaieront de semer la peur dans l'esprit de chacun en espérant que celui-ci recherche la protection du gouvernement.

Les médias nous parleront constamment d'une maladie et puis d'une autre; ceci aura comme but d'intimider et d'apeurer la population. Suite à l'annonce d'un microbe ou d'un virus mystérieux et invisible (y compris les virus électroniques), les gouvernements et les médias saisiront cette occasion pour semer la peur et l'hystérie de façon à encourager l'homme à se soumettre au contrôle gouvernemental afin de se sauvegarder. Un homme effrayé n'exerce ni ses droits ni sa liberté pour se venger. Il se soumet, condition idéale recherchée par les Forces des ténèbres.

En échange de cette protection, les gouvernements vont envahir le dernier bastion de l'intimité individuelle – le corps humain. L'homme sera assujetti à des tests et à des analyses de ses organes vitaux et sera mis en quarantaine. Le tout servira à préparer la population à la soumission.

Ce n'est pas par accident que le lieu d'origine de ces maladies est un endroit exotique, car on a plus facilement peur de l'inconnu. Nous entendons parler de la grippe asiatique, de la grippe aviaire, du virus du Nil de l'ouest, du SIDA, de l'Ébola, de la grippe de Hong Kong, et ainsi de suite, ce qui augmente la xénophobie par rapport à certaines races provenant des pays d'origine de ces maladies. Diviser et conquérir est la devise de ces âmes d'Atlantide depuis des millénaires.

Chapitre 7

L'Armageddon: processus de filtrage cosmique

Le mot Armageddon nous porte à imaginer la fin du monde, le monde qui éclate en guerre et qui s'émiette pour se disperser dans l'univers. De nombreux chrétiens « re-nés » s'imaginent qu'ils seront soulevés de la Terre vers le Paradis, en laissant derrière eux les « pécheurs » qui se battront jusqu'à la fin ultime des temps.

D'autres, enthousiastes du nouvel âge, ont déjà déclaré l'avènement de l'Ère du Verseau, à une époque où il y a famine et guerre dans un monde très matérialiste. De penser que les problèmes sur Terre soient aussi facilement résolus reflète un manque de compréhension par rapport au processus évolutif de l'homme. Comme nous l'avons souligné dans le premier chapitre, le voyage de millions d'années n'est pas prêt d'être terminé.

Notre interprétation de l'Armageddon est relativement différente de la pensée courante car nous le percevons plutôt comme étant un processus de filtrage – séparant l'ivraie du blé, la lumière des ténèbres – dans chaque pore, à chaque niveau et dans chaque domaine de la société humaine – car le vrai objectif de l'Armageddon est le nettoyage général et complet pour éliminer les influences négatives, celles des Forces des ténèbres, de façon à permettre l'éclosion d'un nouvel âge d'or, l'Ère du Verseau.

Le processus de filtrage

Dans ce processus de filtrage, chacun aura l'occasion d'actualiser son vrai « Soi Supérieur ». Ceux qui démontrent par leurs actions et leurs croyances que cela ne leur convient plus de rester sur Terre seront transférés sur d'autres planètes, plus conforme à leur façon de penser. Le processus de filtrage touchera chaque être sur Terre, sans exception, car les forces et les influences astrologiques ainsi que l'accélération de l'évolution de la Terre (voir ci-dessous) feront ressortir les vraies couleurs de chacun. Comment saurez-vous distinguer l'un de l'autre? « Par leurs fruits, vous les reconnaîtrez » dît le Maître Jésus.

L'importance de ce processus de filtrage complet est ceci : il y aura remous à chaque niveau de la société jusqu'à ce que chaque pierre soit retournée et que toutes les caractéristiques des Forces des ténèbres soient éliminées. Votre meilleur ami pourrait en souffrir l'influence et se retourner contre vous. Un frère se retournera contre l'autre, un père contre son fils, une sœur contre une sœur, une femme contre son mari, un mari contre sa femme, *et cetera*, jusqu'à ce que la population entière de la Terre soit purifiée.

L'Armageddon: processus de filtrage cosmique

Victoire au niveau des « hautes sphères »

Le Maître Sanctus Germanus est responsable de la dernière bataille entre la lumière et les ténèbres. Ce grand Maître de la Grande Fraternité de Lumière a pris la place hiérarchique du nouvel âge, l'Ère du Verseau. Il mène la bataille. Les âmes qui l'appuient se tiennent à sa droite tandis que celles qui l'opposent seront bannies de la Terre.

Aux plus hautes sphères, le Maître Sanctus Germanus a déjà percé le cœur du Dragon, symbole du mal, avec son épée de vérité. Tandis que le Dragon se meurt, les secousses se font ressentir sur Terre à chaque battement violent de sa queue, d'un côté à l'autre. Nous vivons actuellement sur Terre les « opérations » de nettoyage de ce grand massacre. Oui, c'est très compliqué et complexe. En essayant de se sauver la vie, sur Terre, les agents des Ténèbres essaient désespérément de renverser leur sort inévitable; avec, comme conséquence, que l'homme ressent conflit et déstabilisation. Cependant, la loi cosmique a déjà déterminé que le cycle tire à sa fin – il est terminé – et que les Forces de la Lumière vont emporter la victoire.

Soyez assurés que la bataille est déjà gagnée sur les hautes sphères; ceci explique pourquoi nous sommes si sûrs de ce qui va se passer sur Terre. Pour autant que ce soit pénible, la bataille finale aura lieu dans la prochaine décennie.

L'accélération de l'évolution de la Terre

N'avez-vous pas remarqué comme le temps passe vite ces temps-ci? Les jours, les semaines, les mois, les années filent à toute allure. Un mois est à peine entamé que nous nous retrouvons déjà au mois suivant. Du point de vue du temps, vous commencez à constater que les évènements de la vie défilent à un rythme accéléré.

Quand l'horloge a sonné minuit le 31 décembre 1999, le rythme évolutif de la Terre a commencé à accélérer. De Grands Êtres Cosmiques ont décidé de cette accélération. Est-ce que la planète Terre avait le moyen de résister? Certainement pas. L'âme de la Terre est organique, vivante et en transition d'Être. La Terre, comme toute autre planète, n'est que le véhicule, le corps d'une grande âme qui l'habite. Chaque planète a un esprit, est un être en voie d'évolution, incarné dans une masse physique. Par conséquence, chaque planète a son propre tempérament, ses qualités, comme chacun de nous. Donc, lorsque les Grands Êtres Cosmiques associés avec la planète Terre décident qu'elle tarde dans son évolution, ils lui disent, « tourne un peu plus vite » et la Terre obéit et accélère.

Par rapport à la perspective de l'Armageddon, la bataille finale entre la Lumière et les Ténèbres, selon le modèle cosmique, l'accélération de la Terre sert aussi d'agent provocateur – le catalyseur qui déclenche une réaction en chaîne, à chaque niveau de la société. La Terre devient un train à grande vitesse qui se dirige vers la Lumière. La lumière qui brille à la fin du tunnel trouble certaines personnes; celles-ci se détournent et ne veulent pas aller vers elle. Ceux qui ne savent pas supporter la lumière devront descendre du train et en prendre un autre plus approprié à leur état d'âme du moment.

L'Armageddon: processus de filtrage cosmique

Les bonnes âmes innocentes, qui poursuivent le grand but de la libération de leur âme pour s'épanouir, garderont leur place allègrement sur le train à grande vitesse, sachant qu'une fois arrivées à destination de la Lumière, ils y seront arrivés parce qu'ils la recherchaient. Et quel bonheur de voyager en compagnie de ceux avec qui on est compatible!

Effets généraux de l'accélération

L'accélération a pour effet de créer un état de folie sur Terre, en somme, le chaos. Une tempête. Une bourrasque. La vie ne sera pas facile dans les années à venir. Ceux qui tiennent à peine à la vie en ce moment commenceront à frôler la folie. L'effet de l'accélération ressemble un petit peu à la réaction du conducteur à qui on demande de rouler à 100 kilomètres à l'heure lorsqu'il tient à peine la route à 25 kilomètres à l'heure. Il perdra le contrôle de son véhicule et se retrouvera dans le fossé!

Une belle-mère se retournera soudainement contre sa gentille belle-fille, votre fils deviendra introverti et s'acharnera à l'ordinateur, une fille répondra mal à sa mère, un père se disputera avec son fils et vice versa, votre époux bien aimé deviendra soudainement froid et peu communicatif, un vieil ami ne voudra plus vous voir. Vous pourriez vous retrouver à engueuler un commis dans un magasin, à devenir furieux sur la route contre celui qui vous « coupe », pour vous poser ensuite la question « qu'est-ce qui m'arrive? ».

Ces exemples de comportement ne sont pas très offensifs. Chacun le vit car nous sommes tous légèrement tendus. Un léger écart temporaire se manifeste entre l'esprit conscient et l'âme. Ceci provient du passage du temps et du manque d'alignement entre l'esprit et l'âme pendant la méditation ou la prière. Ces indices bénins de l'Armageddon sont heureusement temporaires.

Lorsque votre bien-aimé fait preuve de folie temporaire, déterminez tout d'abord combien d'espace lui accorder pour éviter les coups lorsqu'il est dans cet état. Considérez-le comme hystérique. Il est capable de tout et est imprévisible. Vous devez vous protéger, mais d'autre part vous ne pouvez pas le blâmer. Il ne faut pas plus jouer au martyr et penser « Oh, il va m'écouter! ». Il ou elle pourrait tout aussi bien frapper ou dire quelque chose qui est tout aussi choquant, ce qui pourrait compromettre votre relation de manière permanente. Oui, il se peut qu'à une époque vous ayez connu de bonnes relations. Soudainement, il ou elle commence à être malpolie envers vous. Qu'est-ce que vous avez fait de mal? Rien?

S'il y a réellement eu amour et respect dans la relation, sachez que la situation est temporaire et souhaitez que la relation se rétablisse éventuellement. Apprenez à être de bons régisseurs. Si vous avez l'impression que vous êtes en danger en restant avec une certaine personne, alors c'est le temps de quitter. N'hésitez pas à quitter lorsque vous avez le sentiment que vous n'avez rien fait pour mériter ce comportement. Par contre, si vous avez fait du mal, il faudra l'avouer. Si quelqu'un avec qui vous aviez de bons rapports semble vous traiter en étranger ou vous ignorer, si vous vous sentez insulté ou ignoré pour aucune bonne raison, c'est le moment de décider si cela provient d'une folie passagère. Si oui, quittez la zone de tir pendant un certain temps.

Manifestations malignes de l'accélération

L'accélération affecte aussi ceux qui cou vent des tendances criminelles plus malignes. Une vague de crimes se manifeste. Un étudiant devient fou dans une école secondaire et assassine ses compagnons de classe à la mitraillette. Un autre étudiant fait la même chose dans un autre pays. Soudainement, des jeunes femmes se font enlevées dans différents pays du monde. Ou encore des meurtriers en série se manifestent, des traqueurs de femmes dans différents pays. Ou encore pire, des « snipers » fusillent des innocents dans la foule à bout portant. Un mari espionne la femme dont il est séparé et assassine leurs enfants. Une mère bat son enfant jusqu'à ce qu'il se soumette. Une femme écrase son mari infidèle avec la voiture familiale. C'est la folie mais c'est bien symptomatique des temps qui courent.

Des crimes encore plus odieux ont lieu tel que des meurtres de grands nombres, des meurtres en série, le nettoyage ethnique, la torture à grande échelle, la guerre, ainsi de suite. Des criminels, encore cachés, ne peuvent soudainement plus prendre la pression de l'accélération. Ils deviennent fous et dévoilent ce qu'ils sont vraiment. Un par un, ceux-ci seront éliminés de la Terre.

Des différends religieux referont surface, tel que des islamistes fondamentalistes qui attaqueront leurs anciens ennemis chrétiens, bouddhistes ou hindous. Des sectes différentes d'une même religion se contrediront, menant à des séparations. Des chrétiens fondamentalistes qui prêchent l'idéologie de la suprématie blanche attaqueront leurs frères noirs tandis qu'une autre secte attaquera les juifs pour avoir crucifié Jésus. Tous les différends religieux feront surface, certains seront des conflits visibles, d'autres donneront lieu à une guérison.

Les politiciens, les personnages publics, les personnes célèbres, qui montrent une face au public tandis qu'ils cachent des préjugés ou des agendas personnels moins nobles, se trouveront soudainement en train de montrer un autre côté de leur personnalité en exprimant leur vraie façon de penser, leurs préjugés ou leurs mauvaises intentions, voire leur bêtises, devant les caméras ou en public. Les leaders mondiaux se contrediront, les alliances internationales se déchireront suite à des conflits idéologiques, des alliés se retourneront les uns contre les autres dans les coulisses. Sachant qu'ils ont montré leur véritable personnalité, de nombreux leaders déchus, se demanderont comment ils ont perdu le contrôle de leurs paroles.

Ils auront heureusement perdu le don qu'ils avaient jadis d'hypnotiser le public, de bloquer des programmes qui profitent à l'humanité ou qui sabotent le bien.

Ce sont, encore une fois, des indices de l'Armageddon : le processus de filtrage des œufs pourris.

L'Armageddon: processus de filtrage cosmique

Processus de dépossession macro-économique

En mars 2000, suite à l'accélération de la Terre, la Bourse de New York a soudainement perdu du terrain après dix ans de spéculation. D'autres Bourses et marchés financiers à travers le monde ont suivi la même tendance et la baisse de la capitalisation boursière continue. Les Forces des ténèbres avaient prévu une baisse éventuelle des marchés financiers mais ils ont peut-être été pris de cours par l'intensité du revirement. Tel le Dragon qui se meurt dans les hautes sphères, la Bourse s'exténue pour augmenter de valeur, avant d'enregistrer de nouvelles baisses. Elle remonte pour retomber de plus belle, l'indice boursier prend la pente glissante. Les Forces des ténèbres pompent énormément d'argent dans les marchés pour créer une illusion de rétablissement économique. Le petit investisseur innocent, en pensant que le pire est passé, se précipite à investir tandis que les Forces des ténèbres vendent leurs actions et s'enfuient. Le marché baisse à nouveau en emportant encore plus l'argent des investisseurs. Il est évident que les Forces des ténèbres cherchent à emporter tous les investisseurs avec eux tandis qu'ils soutirent le dernier dollar de toutes les vaches à laits qu'ils ont créées.

Dans une salle de conférence secrète en Europe centrale, les leaders les plus puissants complotent de nouvelles guerres, en se concentrant sur la situation volatile au Moyen Orient. Comme nous l'avons déjà mentionné, ces guerres ne sont que des évènements chorégraphiés. Il ne s'agit pas d'un pays plus noble qui se bat contre un de moindre noblesse. On pourrait plutôt dire qu'il s'agit plutôt de deux pays qui se trouvent du même côté car il s'agit d'un jeu de guerre. Cependant, ces jeux de guerre perdront tout contrôle au fur et à mesure que la lumière de la Grande Fraternité se fera sur ces évènements.

Les guerres auront lieux tandis que les Bourses s'effondreront; les Forces des ténèbres vendront « à découvert» des sommes impressionnantes pour soutirer du marché le maximum possible pendant l'effondrement. Une victoire de guerre donne lieu à un faux sentiment de bien-être de la part du vainqueur et l'euphorie donne lieu à une hausse du marché boursier tandis qu'on se réjouit. Lors de cette hausse, de nouveaux investisseurs placeront leurs dernières réserves d'argent dans le marché des actions en espérant compenser les pertes subies lors de la dernière baisse. Les gros investisseurs se mettront à nouveau à vendre « à découvert » aux nouveaux investisseurs ainsi qu'aux fonds mutuels pour en profiter de plus belle lorsque le marché boursier chutera à nouveau. Les investisseurs, qui n'apprennent jamais la leçon et qui se font prendre à nouveau, se verront encore une fois perdants.

À chaque baisse, les entreprises qui dépendent de la valeur de leurs actions pour soutenir leurs états financiers se verront les plus vulnérables et feront faillite. Le chiffre d'affaire des Bourses ira en diminuant au fur et à mesure que les investisseurs perdront leur argent. Les plus grandes maisons de placements fermeront leurs portes et les banques d'investissement périront par manque d'affaires. Une après l'autre, les banques feront faillite au fur et à mesure que seront dévoilées leurs activités, que leur arrogance les mènera à leur perte. Les fonds

L'Armageddon: processus de filtrage cosmique

mutuels, qui ne sont pas réglementés, fermeront leurs portes et les investisseurs, furieux, attaqueront leurs bureaux pour se rendre compte que ceux-ci sont vides et que des milliards de dollars de leurs épargnes auront été empochés.

Tel le Dragon qui se meurt dans les hautes sphères, de même les piliers de la finance seront abattus. D'ici cinq ou six ans, elles s'écrouleront dans les trous où elles ont été érigées.

Ceux qui ont planifié et profité de ces institutions aussi longtemps que possible, auront soutiré des milliards du peuple et l'entreposeront dans des cavernes d'iniquité.

Une fois les marchés des capitaux quasiment annihilés, les compagnies, petites et grandes, commenceront à rétrécir. Celles-ci sont tellement endettées, de par les placements spéculatifs en actions et en dérivés, que leurs prêteurs, le plus souvent des banques, seront obligés de prendre possession de leurs actifs. La spirale déflationniste effacera progressivement un commerce après l'autre et ne survivront que ceux qui auront eu la sagesse de ne pas s'endetter ou encore les commerces qui répondent aux services de survie.

Au fur et à mesure que les compagnies fermeront leurs portes, des millions perdront leur emploi et puis leur domicile et leurs possessions. De ce fait, les prix baisseront et forceront d'autres entreprises à fermer leurs portes. Les banques connaîtront tellement de mauvaises créances qu'elles seront au bord de la faillite elles-mêmes.

Le monde entier sera enveloppé dans une dépression économique grave. Les habitants du monde « industriel » seront les plus frappés tandis que le sort de ceux qui souffrent actuellement dans la pauvreté pendant cette époque d'inflation et d'excès changera peu, car comment pourraient-ils être plus pauvres? La bulle économique géante qui grossit depuis une cinquantaine d'années, qui profite des iniquités nord-sud, des pays industrialisés – sous-développés, va éclater.

Le cycle tire finalement à sa fin. Rappelons-nous que dans toute guerre de cette époque, les partisans de la guerre sont du même côté; ils manipulent la guerre pour permettre aux Forces des ténèbres de récolter encore plus de profit, mais les bonnes âmes sur Terre projettent de plus en plus de lumière de la Fraternité sur cette situation. Tels deux gamins adolescents qui commencent à se bagarrer, les factions de guerres, prises dans leur propre folie, se battront entre elles et finiront par se tuer les unes les autres. Les marchés percuteront une dernière fois. L'argent injecté par les Forces des ténèbres n'arrivera cette fois pas à redresser la situation, car il n'aura plus de valeur. L'économie mondiale demeurera silencieuse. Les « ténébreux » auront amassé la plus grande partie des richesses du monde pour se rendre compte qu'elle aura perdu toute sa valeur lorsque les devises se seront effondrées.

État de dépossession pour changer l'humanité

Si la plus grande partie de l'humanité permet au processus de dépossession de prendre place sans protestation, ce qui semble être le cas actuellement, il faudra peut-être tout perdre pour être prêt à écouter le « dieu intérieur ». Personne ne peut vous voler votre âme, quoique certains l'aient essayé. D'aucun ne peut voler votre intelligence, votre désir de vivre, vos connaissances ou votre âme spirituelle. Une fois dépourvu du monde matériel, l'homme peut redécouvrir l'arôme de la rose, les gouttes de rosée sur les feuilles, la brise qui souffle de l'océan.

Lorsque les tours des Forces des ténèbres se seront écroulées, les principes qui garderont les vraies âmes en vie autour d'eux seront l'esprit communautaire, l'entraide, la coopération mutuelle, la créativité, le sens judicieux de la valeur de l'argent, l'échange sous forme de troc et surtout l'intégrité de l'âme du « dieu-intérieur ».

On s'arrêtera pour écouter les nouveaux enseignements de la Fraternité que nous communiqueront les travailleurs de la lumière semés de par le monde. Au fur et à mesure que des communautés se forment pour survivre, les dernières traces des Forces des ténèbres seront purgées de la Terre, non sans se battre une dernière fois.

Les bureaucraties menacées feront appel à la guerre

Suite à l'absence d'emploi, de commerce ou d'épargne, la source de revenus de taxation s'étant effondrée, les revenus d'impôts seront fortement réduits. Les bureaucraties auront perdu leur seule source de survie. Les bureaucrates au bas de l'échelle, qui pensaient leur emploi garanti à vie, se verront sans emploi. Ceux au haut de l'échelle se démèneront pour survivre afin de préserver l'énorme vache à lait qui les avait si bien servi. De nombreux ministères et services gouvernementaux seront limités par manque de revenu.

On observe déjà de par le monde de nombreux exemples où les bureaucraties de nombreux pays se sont effritées par manque de revenu. Les percepteurs d'impôt ne peuvent plus appliquer de pression sur le peuple appauvri par peur d'insurrection ou par peur pour leur vie. Cependant, même dans un monde appauvri, la bureaucratie se réserve le droit d'émettre un permis et de freiner le système en créant de la paperasse pour le peuple qu'elle devrait servir. Dans une ambiance de salaire intermittent, les bureaucrates ont recours aux paiements en dessous de la table pour émettre des documents pour des services les plus ordinaires, tels que licences ou permis. Pour arriver à ses fins, il faut payer les personnes-clé de sa poche. Éventuellement, la population se rend compte que les règlements ne sont plus mis en pratique et que les ministères vides deviennent sans importance.

Au fur et à mesure que les portes des ministères fermeront, on se rendra compte que ceux qui auront survécu au resserrement des revenus d'impôts sur les revenus seront ceux qui auront pris les structures des gouvernements en otage quelques années auparavant. La police, les militaires et les agents d'espionnage, c'est-à-dire, tous les agents d'une domination militaire si caractéristique des âmes atlantes ignorantes, feront un dernier effort.

L'Armageddon: processus de filtrage cosmique

Puisqu'ils ne sont pas productifs, ils auront recours à la guerre pour préserver les bureaucraties. Les usines d'armement « bourdonneront » d'activités et le peuple sera mis à l'œuvre pour fabriquer des outils de guerre. Les conflits actuels ne sont que des préparatifs à une guerre plus intense, à plus grande échelle. Le terrorisme, inventé par ces groupes belliqueux, sert à maintenir une menace dans l'esprit des peuples à travers le monde et permet aux vrais offenseurs de s'en servir lorsque bon leur semblera.

Les survivants des gouvernements feront tout pour convaincre le peuple que la guerre est inévitable pour soutenir l'économie; au fur et à mesure que les activités de guerre se mettent en marche, les économies de ces pays reprendront de plus belle. L'espoir d'un emploi et de la remontée économique attirera de nombreuses personnes désespérées à l'emprise des Forces des ténèbres. Ainsi, la dernière scène où figureront les Forces des ténèbres sera la scène de guerre, perversion totale de la création.

Cette fois, cependant, la grande Fraternité de Lumière aura mis en place ses propres Forces sur Terre. Ce sera la première fois depuis le début de cette civilisation qu'autant de réincarnations d'âmes des plus nobles et des plus héroïques se trouvent sur Terre pour protéger l'homme de ces Forces des ténèbres. Ce sera la première fois que la Fraternité apportera autant de lumière et d'idées à l'homme, en amenant autant d'idées d'amour et de paix par l'entremise du rayon féminin de l'énergie de la déesse Mère.

En soutirant le confort matériel du bien-être de l'homme, les Forces des ténèbres se rendront à l'évidence qu'ils auront obtenu le résultat opposé de ce qu'ils espéraient obtenir. Ils seront confrontés par un peuple qu'ils auront essayé d'opprimer depuis des siècles, car cette dépossession matérielle va allumer la force créatrice de l'univers, le dieu intérieur de chaque individu. Au fur et à mesure que l'énergie équilibrée masculine féminine est éveillée chez chacun, le peuple résistera finalement aux Forces des ténèbres et ne le suivra plus tel un troupeau de moutons. Ils se rendront compte qu'ils sont des dieux et des déesses capables de reconnaître la voix tordue qui les appelle pour faire ses œuvres; ils s'immobiliseront et refuseront de se déplacer. Ils crieront « fin à la guerre » « assez » en défilant sur la Bastille symbolique! Ainsi les derniers vestiges de l'empire des Forces des ténèbres s'effondreront.

Celui qui vient à la défense des Forces des ténèbres sera jeté à terre, car il ressortira de la foule. Il ne pourra plus se cacher, car non seulement l'accélération l'amènera à la surface, mais la population le reconnaîtra pour ce qu'il est. Ils seront projetés de la planète, l'un après l'autre, pour ne jamais y revenir. Le maître Saint Germain et ses disciples seront prêts à mener le nettoyage.

Suggestions pratiques

Comment réagir face à la folie

La folie entoure notre planète, mais lorsqu'on se retrouve dans le brouillard, on recherche

L'Armageddon: processus de filtrage cosmique

instinctivement la lumière, car c'est la seule sortie. Vous savez maintenant à quoi vous attendre.

Ce que vous observez n'est que le début. Attendez-vous à être entouré d'encore plus de folie. Sachez cependant que vous ne vous retrouverez pas pris ou perdus dans le brouillard, même si vous avez glissé un petit peu temporairement comme si vous aviez marché dans une grande flaque de boue. Glisser ne veut pas dire qu'il faut s'embourber. Retrouvez votre équilibre comme bon vous semble. Prenez un peu de repos. Dégagez-vous de ce qui vous stresse mais surtout, faites appel aux grands Maîtres de la Fraternité pour qu'ils vous viennent en aide car ils demeurent disposés à vous aider. Selon la Loi Cosmique, ils ne peuvent venir en aide à l'humanité que si vous les invitez par la prière et l'invocation!

Maintenez votre équilibre et ne vous laissez pas affecter par la folie qui envahit la planète. Reconnaissez-la et apprenez à l'identifier quand elle commence à vous manipuler. N'en ayez pas honte; ne grondez pas non plus vos proches lorsqu'ils en font preuve, mais aidez-vous les uns les autres du mieux possible.

Sachez que cet Armageddon est comme une plaie très physique qui va donner lieu à une démence temporaire, on pourrait vous lancer quelque chose. Sachez que c'est temporaire, que ça passera et que par la suite vous serez très heureux de retrouver vos bien-aimés, sains et saufs; d'ici là, vous aurez traversé la ceinture de photons qui est la source de cette folie.

Sachez cependant qu'un fou est fou même si ce n'est que temporaire, il ne se rendra pas compte de ce qu'il fait et il pourrait vous frapper. Soyez averti. Ne vous mettez pas à la place d'une cible, car cela mènera peut-être à un différend ou à une rancune qui pourrait prendre longtemps à guérir. Soyez prudent.

Si les vipères de la folie vous frappent trop souvent, ne soyez pas sot en pensant « Oh, je sais le prendre. Je peux rester ici et en prendre plus ». Cette folie ne sera récompensée que par la pierre tombale! Ne surestimez pas vos capacités et ne sous-estimez pas l'ampleur de la folie. De plus, ne sous-estimez pas la puissance de votre Soi Supérieur, qui est intimement et consciemment relié à votre prochain souffle, qui fait partie de chaque cellule et de chaque molécule de votre corps physique. Il ne vous abandonnera pas mais vous fera passer l'épreuve afin de découvrir la santé d'esprit (provenant des mots « sain de chair et d'esprit ») tel l'état naturel et vrai de la quatrième dimension, la dimension où nous nous retrouverons lorsque ce processus sera terminé.

Ce processus ne devrait plus durer très longtemps, encore quelques années. Vous atterrirez dans un monde sain d'esprit qui vous apportera tant de bonheur car ceux qui auront insisté sur la folie actuelle seront balayés de la planète.

Question d'argent

D'ici 2012, les tours de contrôle économiques et financières se seront effondrées et tout effort pour

L'Armageddon: processus de filtrage cosmique

les sauver sera en vain. Le monde connaîtra une dépression économique grave qui durera plusieurs années. Cette situation sera de courte durée, le temps de faire prendre racine dans l'esprit des hommes les nouvelles formes d'économies projetées par la Grande Fraternité de Lumière. Cependant, l'écroulement de l'économie globale et de l'infrastructure financière entraînera un peu de chaos dans votre vie quotidienne. Toutes les habitudes de la vie quotidienne seront mises à l'épreuve au fur et à mesure que les institutions financières et gouvernementales vous déçoivent en montrant leurs vraies couleurs.

Pour être prêt à faire face à ces défis économiques, nous vous suggérons de prendre les précautions suivantes :

1. Achetez des pièces d'or, d'argent et autres métaux précieux ainsi que des pierres précieuses. Cela représente votre garantie à 100% contre un effondrement financier. Entreposez-les dans un endroit sûr, autre qu'une banque car les fermetures de banques se multiplieront. Très peu d'entre elles survivront. La devise américaine entre autres, s'effondrera telle que l'a fait la devise des « Confédérés » après la guerre civile des États-Unis.

2. Cessez toute dépense inutile même si votre gouvernement et les médias vous encouragent à dépenser pour alimenter l'économie. Ce n'est pas à vous de sauver l'économie en faisant des dépenses folles et en vous endettant. N'achetez que ce qui est

nécessaire et vendez comptant tout ce qui n'est pas indispensable.

3. Si vous détenez encore des placements et actions, en immobilier ou en fonds mutuels, désinvestissez-vous immédiatement et placez les sommes obtenues en épargne ou en pierres ou métaux précieux. Les placements « papiers » ne reprendront pas leur valeur d'ici longtemps. Ce que vous récupèrerez et convertirez en or aura plus de pouvoir d'achat une fois que la déflation s'emparera de l'économie. De plus, sachez que la tristesse et la douleur qui se manifestera autour de vous n'est que temporaire et annonce une ère nouvelle, nettement meilleure, dans le nouvel Âge.

Méditation

Lorsque la folie s'emparera de notre planète et que le monde entier se réveillera et la ressentira, il recherchera la santé d'esprit dans sa divinité, seul endroit où l'on peut la trouver. Certains parmi vous ne sont pas confortables avec l'expression « Divinité », très probablement parce que vous n'avez pas visité votre parent céleste récemment, votre « Soi Supérieur ». Nous vous suggérons de le faire, dans votre cœur, dans vos pensées par la méditation régulière.

L'Armageddon est donc ce terrible filtre par lequel nous devons tous passer; vous vous y accrocherez peut-être ici et là. Mais vous ne resterez pas pris dans sa toile, car vos yeux sont ouverts. Vous arriverez à traverser le tamis sous la protection de la Mère Divine. Glissez. Passez. Vous naviguerez à travers cet océan de folie. POUR CETTE PLANÈTE, C'EST LE DERNIER OBSTACLE AVANT D'ARRIVER AU CHEMIN DE LUMIÈRE.

Chapitre 8

L'an 2012

L'an 2012, un moment qui est gravé dans la conscience collective de l'homme, marque la fin du cycle de 5042 ans du calendrier Maya et la fin de l'ère des Poissons. D'ici cette année-repère, nous prévoyons les évènements suivants:

L'an 2004 : les systèmes financiers du monde auront peine et misère à maintenir un semblant de reprise, tandis que des millions de personnes continueront à perdre leur emploi; ceci malgré les belles paroles du gouvernement qui dépeint une situation rose pour éviter que la population ne se rende compte que « l'économie atteint son plus bas niveau ». C'est aussi une année d'élection présidentielle et les Forces des ténèbres feront de leur mieux pour dépeindre une image rose afin de faire élire leur candidat.

L'an 2005-2006 : C'est l'époque du grand effondrement des marchés financiers à travers le monde. Tout commence à se décomposer. Les devises de papier perdront beaucoup de terrain et verront fondre leur valeur. C'est l'année du non-retour. Pour distraire les populations de leurs pertes économiques, les gouvernements tenteront de créer une guerre mondiale, très probablement dans le Moyen-Orient.

L'an 2007-2011 : Ce seront les années les plus exigeantes de l'Armageddon, car l'économie mondiale sera à son plus bas et le monde sera en guerre. Vers la fin de cette période, il est très probable que le troc remplacera les devises, car le dollar américain et d'autres devises mondiales seront devenues des instruments d'échanges sans valeur aucune. Une grande pauvreté matérielle se fera connaître à travers le monde, bien pire et bien plus répandue que celle de la grande dépression de 1929. L'homme commencera à écouter les messages d'amour et d'appui qui proviendront de la Fraternité et de ses représentants sur Terre; il commencera à accepter les idées nouvelles et révolutionnaires pour le nouvel âge. Cependant, les agents des ténèbres, encore présents, tenteront de discréditer le travail de la lumière en essayant de convaincre l'homme d'adopter l'agenda des ténèbres en déperdition, jusqu'à ce qu'ils soient tous expulsés, d'une manière ou de l'autre.

L'an 2012 : Les serviteurs de la lumière atteindront la masse critique, entraînant ainsi une réaction en chaîne favorisant les Forces de la Lumière, transformant la Terre comme on ne l'a jamais connu. La Fraternité décrit cet évènement comme étant un grand « POP! », tel le bruit qui éveillera chacun à son vrai « Soi ». L'homme réfléchira sur cette époque de sa vie, époque de chambardements, d'épreuves et d'exaspération, comme étant un cauchemar. C'est promis!

L'an 2012

Le 21 décembre 2012 toutes les planètes de notre système solaire s'aligneront avec le soleil et l'énergie émanant du soleil percera l'alignement de toutes les planètes. Certains érudits Mayas anticipaient une ébullition des océans mais il est plus raisonnable d'anticiper un réchauffement considérable des océans, ce qui accélérera la fonte des glaces des pôles nord et sud, accélérant ainsi la «transition» géologique qui a déjà commencé.

Serviteurs de la Lumière

Dans les chapitres antérieurs, nous avons décrit en détail le travail haineux des Forces des ténèbres. Entre-temps, les serviteurs de la lumière organiseront leurs équipes afin de répondre aux besoins de l'époque post-Armageddon.

À partir de l'an 2002-2003, la Fraternité sonnera le clairon pour appeler et éveiller les serviteurs de la lumière (connus aussi sous le nom « Nouveau Groupe des Serviteurs du Monde » à l'époque d'Alice A. Bailey et du maître Djwal Khul). Ces serviteurs de la lumière, incarnés à travers le monde, de par tous les métiers et toutes les entreprises, se trouveront au moment de l'appel, en état d'attente, parfois entre deux emplois ou se demandant quoi faire pour bien faire. Quelque chose - que ce soit un site web, une parole captée ici ou là, un livre, un film - ira les chercher et leur signalera un processus d'éveil.

Sous la direction des Maîtres, les serviteurs de la lumière se regrouperont pour former treize organisations à travers le monde. Chacune de ces treize organisations créera des regroupements à travers leur partie géographique du monde qui, selon leurs ressources, éveilleront la population à l'existence des Maîtres ainsi qu'à leurs activités sur Terre. Les Maîtres enverront des messages par des médiums et autres formes de communication directe pour aider l'homme à traverser les dernières années de l'Armageddon avec dignité.

Ceux qui seront prêts à écouter et à considérer les enseignements de ces treize organisations et de leurs regroupements seront témoins de miracles et de phénomènes exceptionnels, rarement vus depuis deux siècles.

Étant donné que chacune des treize organisations sera responsable de former des regroupements, la liaison se fera au moyen d'une toile fine, tissée à l'échelle mondiale, pour réconforter et ouvrir l'esprit au monde fascinant de la Fraternité. De plus en plus de serviteurs potentiels de la lumière (ou Nouveau Groupe des Serviteurs du Monde) s'éveilleront et s'inscriront aux œuvres de la Fraternité.

L'année 2012 est une année pivot. C'est à ce moment que les serviteurs de la lumière atteindront la masse critique contre les Forces des ténèbres; la réaction en chaîne des changements qui en découlera transformera la Terre comme on ne l'a encore jamais connu pour se débarrasser à tout jamais de ces évolutions négatives.

Des êtres, que nous appelons des « extra-Terrestres », provenant d'évolutions plus avancées, commenceront à se joindre à nous sur Terre. Les serviteurs de la lumière protègeront ces êtres très évolués qui proposeront des solutions innovatrices, provenant d'autres planètes, aux problèmes de notre Terre. Nombreux sont les lecteurs de ce livre qui accueilleront ces magnifiques êtres et qui glaneront d'eux une sagesse qui n'aura pas encore fait ses preuves sur Terre.

Nous pouvons accélérer le processus mais nous ne pouvons pas l'éviter

Devons-nous attendre 2012? La réponse simple est non. La conscience collective de l'homme peut avancer cette merveilleuse date aussitôt que nous la choisissons. 2008? 2010? Car, au fur et à mesure que l'homme prend conscience des évènements qui l'entourent, qu'il se rend à l'évidence que les remous actuels font partie de la bataille entre Lumière et Ténèbres, il sera soulevé de la «condition humaine» et sera hors danger. De plus, chaque prière individuelle, chaque invocation qui s'adresse à la Fraternité de venir en aide prend la forme d'une demande émanant d'un dieu ou d'une déesse, car chaque individu est de Dieu.

Nous ne pouvons pas empêcher les évènements de se produire, car ce n'est que par ce processus de filtrage que la vraie couleur de chaque personne est mise à l'épreuve. Par contre, chaque prière, chaque invocation accélère le processus de filtrage; permet que les dégâts de ce combat atroce soient nettoyés le plus tôt possible, que la paix, au seuil du nouvel âge, puisse régner beaucoup plus tôt.

Le sort est donc dans les mains de l'homme. Nous pouvons mettre une fin à l'Armageddon en quelques années ou nous pouvons souffrir pour une période beaucoup plus longue. Peu importe le temps que cela prendra, la LUMIÈRE triomphera car la victoire est déjà accomplie dans les hautes sphères.

Chapitre 9

Période de Reconstruction

Après la grande transition en l'année 2012, une période de reconstruction suivra afin de préparer la Terre pour son entrée dans l'Âge d'Or – l'Âge du Verseau tant attendu. Selon certains astrologues, le nouvel âge devrait en fait débuter entre 2060 et 2100. Ceux qui prévoyaient une date plus rapprochée pour l'avènement de l'Âge du Verseau constateront que nous sommes encore en transition en observant les évènements auxquels nous faisons face aujourd'hui.

Lorsque nous parlons de reconstruction, nous ne parlons pas de reconstruire ce qui aura été détruit car de toute évidence, ce qui aura été détruit n'aura pas servi à l'homme. La reconstruction se fera plutôt au niveau de l'esprit, fondé sur des hypothèses tout à fait différentes, soient les lois cosmiques.

Lorsqu'on s'éveille à la vie, libre de toute influence des Forces des ténèbres, on se dégage d'un lourd fardeau. Le ciel sera plus bleu qu'on ne l'aurait imaginé, les fleurs scintilleront de couleurs riches et d'un parfum si doux qu'on ne pourra plus l'ignorer. Vous serez reconnaissant pour chaque respiration et vous serez vraiment heureux pour la première fois. Vous exprimerez un ÉNORME soulagement que le cauchemar est terminé. Tout semblera plus vif et meilleur. Vous le reconnaîtrez, le temps venu, car votre entourage sera tellement différent de ce que vous percevez actuellement.

Chacun continuera à faire ce qu'il a toujours fait – travailler, étudier, entretenir, visiter des amis – mais, cette fois, muni d'une perspective entièrement nouvelle, une perspective d'optimisme et d'espoir, sachant qu'il est au seuil de la construction d'un nouveau monde vraiment merveilleux.

Malgré les conditions économiques sévères, nombreux seront ceux qui ressentiront la joie de la simplicité. Ils feront du troc et partageront pour subvenir à leurs besoins. Des amitiés de longue date, si elles subsistent, seront d'autant meilleures et l'avenir paraîtra d'autant plus rose. Nombreux sont ceux qui continueront leur ancien travail, cette fois, en y apportant un nouveau sens. Ils créeront de nouvelles opportunités avec leurs collègues, qui ne seront pas axés uniquement sur le salaire ou le gain monétaire mais qui seront plutôt axées sur le bien envers autrui. Nous serons entourés de famille et d'amis compatibles.

L'air, dégagé de négativité, permettra à l'ensemble des guides spirituels et aux «élémentaux» qui survolent la Terre, d'interagir avec un nombre croissant de clairvoyants et de clairaudients incarnés sur Terre. Les âmes qui vont à l'encontre de l'intérêt de l'homme sur la sphère astrale seront bannies et ne pourront plus influencer l'homme via la télépathie.

Les Maîtres de sagesse, âmes évoluées sur les hautes sphères, se serviront de télépathie pour guider leurs initiés et leurs disciples sur Terre quant au projet de reconstruction. Ils prépareront l'homme à recevoir par médias et par Internet les enseignements du prochain « Grand Maître » dont les principes serviront de base à la période de reconstruction.

À chaque jour, des parcelles d'informations du plan divin concernant la Terre se font connaître. Nous savons à l'heure actuelle que l'objectif principal pour la Terre est la libération de l'âme, selon le Maître Saint Germain, principal porte-parole. Chaque homme doit viser cet objectif noble.

Constitution du Nouveau Monde

Les Nations Unies se seront discréditées lors de la Troisième Guerre Mondiale; les plus grands cerveaux de la Terre se réuniront pour rédiger une nouvelle constitution mondiale pour la prochaine ère. Comme par le passé, lors de la rédaction de la constitution américaine, le Maître Sanctus Germanus transmettra au groupe les principes qui gouverneront le Nouvel Âge. La version finale de la constitution dépendra d'une part des leçons tirées de l'ère précédente et d'autre part de l'ouverture d'esprit des participants par rapport aux suggestions de la Grande Fraternité de Lumière.

Reconstruction de l'union du nouveau monde

La reconstruction de l'union du nouveau monde serait une conséquence naturelle de la bataille entre la lumière et les ténèbres. Le gagnant, la lumière, s'alignerait évidemment dans un nouvel ordre avec la Hiérarchie Spirituelle, car ce n'est que de cette façon que l'évolution de l'homme serait alignée avec l'évolution plus spirituelle adoptée par la Terre. Un groupe d'adeptes et d'initiés, qui s'affaire déjà depuis tellement longtemps dans les antichambres du pouvoir sera appelé à influencer les leaders mondiaux afin de mettre bon ordre dans le monde. Par télépathie, ils guideront l'homme pour reconstruire un nouvel ordre mondial.

Nous avons déjà mentionné que dans les premiers temps de la période de reconstruction, il faudra tout d'abord et avant tout rééduquer l'homme selon les lois et les principes cosmiques. La Hiérarchie, qui s'étend de l'office du « nouveau maître » à l'homme de la rue, transmettra des enseignements pour augmenter chez l'homme ses connaissances des lois et des principes cosmiques. Des guides spirituels assisteront par télépathie; des exemples des principes seront diffusés par les médias; des adeptes et leurs disciples viendront de l'avant pour enseigner dans de nouvelles écoles et universités mystiques; le système scolaire finira enfin par incorporer l'essentiel de ce qu'ils enseignent.

Une fois que les leaders auront compris ces principes et ces lois cosmiques, l'homme sera libre de refaire un nouvel ordre mondial avec ses propres moyens. Voici quelques indices :

Période de Reconstruction

La disparition de l'état

Le rôle de l'état sera amené à disparaître de la vie de tous les jours au fur et à mesure que la lumière se fait sur la nature réelle de l'état en tant qu'instrument de guerre et de conflit. Le monde politique tel qu'on le vit actuellement est né relativement récemment en évoluant de royaume monarchique, à empire, et finalement, depuis la Deuxième Guerre Mondiale, à la décolonisation. En tant qu'état laïc, il a représenté, à une certaine époque, une étape vers la libération de l'homme de l'emprise de l'église mais, malheureusement, il a adopté d'autres formes d'oppression.

Le concept de l'état souverain, ayant des frontières bien définies, donne lieu à un égoïsme de l'état qui permet à ses leaders d'opprimer ses citoyens aux moyens de techniques allant de la torture physique à l'horreur de masse. L'état souverain permet à ses leaders de contrôler et de manipuler la façon de penser du peuple à l'intérieur de ses frontières, en le nourrissant lorsqu'il est sage, en lui faisant connaître la famine lorsqu'il ne l'est pas. Une gamme d'horreurs qui oppriment le peuple a lieu dans l'ombre de l'état souverain. De ce fait, le principe de l'état qui, à une époque, devait libérer l'homme de l'oppression religieuse a tout simplement été « détourné » par les Forces des ténèbres pour promouvoir le syndrome du « royaume ».

Conformément aux caractéristiques atlantes des Forces des ténèbres, le principe de l'état est devenu une unité de guerre, ayant emporté le monde dans la guerre et la destruction de grandes populations plus souvent que voulu. Aujourd'hui, c'est au niveau de l'état que de grandes forces militaires se développent et se déploient et ainsi un état peut en opprimer un autre ou entraîner plusieurs autres états en guerre. Même les guerres civiles proviennent du désir de diviser un état en deux nations séparées. Par conséquence, l'état souverain a très bien servi les Forces des ténèbres car cela leur offrait l'outil parfait pour mettre en pratique deux grandes spécialisations: de l'un, l'accumulation de richesse (par la taxation obligatoire) et, de deux, l'activité de guerre.

L'éveil, entre autre, consiste à prendre conscience que l'état ne sera plus utile. Ceci implique que l'état, la province, l'administration municipale sont tout aussi démodés. De nouvelles organisations prendront naissance pendant la période de reconstruction et reflèteront les regroupements du Nouvel Âge qui seront, au-delà des frontières de l'état souverain, reliés par des réseaux de télécommunications avancées. Nous pouvons observer aujourd'hui à quel point l'Internet a outrepassé certaines juridictions traditionnellement du ressort de l'état. Nous témoignerons d'autres exemples dans le proche avenir. Nous ne pouvons en dire plus en ce moment, car beaucoup dépendra des alternatives crée par l'ensemble collectif des hommes

La loi de la Hiérarchie

La loi cosmique de la Hiérarchie s'activera et remplira le vide créé par l'absence des anciennes institutions de domination atlantes. On pourra voir que l'univers est actuellement, et demeurera toujours, organisé en hiérarchie afin de promouvoir la transmission de la sagesse par les hommes de grande intelligence à la masse humaine. De nouvelles règles de gouvernance, conformes à la Loi de la Hiérarchie, verront le jour au fur et à mesure que la Hiérarchie Spirituelle s'étirera vers la planète Terre. C'est par la préservation de cette structure que seront assurée la qualité et la pureté de l'enseignement.

Aligné sur les principes et les lois cosmiques, le nouvel ordre mondial sera nécessairement une extension de la Hiérarchie Spirituelle de la Grande Fraternité de Lumière car l'évolution spirituelle individuelle doit forcément suivre le même chemin que celui des Frères et Sœurs, les Maîtres de la Fraternité. Peu importe à quel niveau nous nous retrouverons dans la nouvelle hiérarchie de la période de reconstruction, et puis de l'Âge du Verseau, le cheminement de la libération ultime de l'âme a déjà été tracé pour nous.

Rééducation de l'homme : l'Instructeur Mondial apparaît en 2020

Le maître Sanctus Germanus à déjà dit : « s'ils en savaient plus, ils réussiraient mieux ». Cette phrase nous donne espoir en l'homme; s'il reçoit le bon enseignement dans les principes et les lois cosmiques immuables et s'il apprend comment les mettre en pratique sur Terre, l'homme pourra reconstruire un monde digne de l'Âge du Verseau. La loi du libre arbitre sera en vigueur et l'homme aura à nouveau l'occasion d'apprendre les fondations de la sagesse pour construire le nouvel âge d'or.

L'Instructeur Mondial, peu importe sa forme, sera dirigé par le Logos Planétaire, le Seigneur du Monde, l'Ancien des Jours, le Dieu Sanat Kumara. Le Maître se distinguera très vite de par son être extraordinaire, ses talents et habiletés extraordinaires. Il ou elle commencera à enseigner au Monde du nouvel âge d'or au début des années 2020, si tout va comme prévu.

Ces enseignements proviendront du Service du Christ ou du maître mondial et seront disséminés, avant la période de reconstruction, par télépathie aux disciples prêts à les recevoir. Il existe déjà un noyau de disciples et de serviteurs incarnés qui sera entraîné pour renforcer les enseignements du maître mondial lors des transmissions télépathiques ou par les réseaux de communications populaires afin de rééduquer la population de la Terre.

La communication sera primordiale lors de la reconstruction des institutions de la Terre. Lors de la folie dot.com des années 1990, une infrastructure gigantesque de communications par fibres optiques a été installée sur le sol des océans reliant ainsi tous les continents. Ce réseau est la création du Maître Sanctus Germanus et demeure dans le fond des océans, protégé des intempéries de l'Armageddon. Au moment voulu avant l'éveil, ce réseau sera réactivé et une nouvelle vague de technologie Internet « à large bande » verra le jour; les avancements actuels pâliront en comparaison. Chaque télévision et chaque ordinateur pourront être reliés à ce réseau de communication haute vitesse. Cette technologie « Super Internet » jouera un rôle unificateur inestimable dans les années de reconstruction à venir.

De plus, pendant la période d'Armageddon, les systèmes de télécommunications satellite sans fil demeureront intacts. Ces merveilleux systèmes de communications permettront un Internet vraiment évolué qui reliera les quatre coins du monde mieux que jamais. C'est le précurseur du principe de « UN ». Déjà de nos jours, l'accès au monde entier est disponible par l'Internet, mais l'avenir nous réserve des possibilités encore plus grandes; des particuliers et des groupes pourront se réunir avec grande aisance avec leurs correspondants de l'autre côté du monde. L'échange d'information ne sera plus un monopole de la part de grandes sociétés de diffusion.

Un particulier pourra réaliser un film et en faire la distribution de manière beaucoup plus efficace que maintenant. Pensez aux communications sans fil et réfléchissez comment les gens de nos jours portent sur leur personne tout ce qu'il faut pour assembler un ordinateur et transmettre instantanément sur les ondes. Il ne s'agira pas de fils encombrants. Vous pourrez transporter votre ordinateur n'importe où dans le monde et rester branché à l'Internet. Ces formes de communications instantanées sont les précurseurs des communications télépathiques à venir.

Le réseau de fibre optique hautement sophistiqué et la communication sans fil permettent l'avènement du maître mondial, car cette fois il ne prendra pas nécessairement la forme physique d'un homme, tout comme Jésus ou Bouddha, mais plutôt comme une série de principes des lois cosmiques, disséminés sous forme de présentations médiatiques – sous forme de films, d'entrevues, de classes éducatives, de jeux, ainsi de suite – aux quatre coins du monde sur ce réseau de communication. La société humaine arrivera à s'auto-diriger en petites unités, contrairement à la structure gouvernementale prépondérante de l'Ère des Poissons, à l'échelle qu'elle pourra intégrer ces principes.

Les responsables de la dissémination de ces principes sont actuellement en entraînement pour cette tâche.

Suite à notre expérience au vingtième siècle, il est tout à fait naturel de s'imaginer des « grands frères » dominants, faisant un lavage de cerveau de la population dans son entièreté. Cependant, si on peut imaginer un monde sans la négativité des Forces des ténèbres, il n'y aura ni oppression, ni domination, lorsque ces systèmes seront utilisés aux fins de l'illumination de l'homme.

Les principes de l'instructeur mondial transmis par l'Internet seront ceux qui gouverneront l'univers. Ce sont des principes très puissants fondés sur l'amour et la volonté de Dieu. Depuis des millions d'années, l'univers se porte bien et se trouve en bonnes mains. « De par leurs fruits, vous les jugerez. » C'est en fonction du cheminement vers la libération de l'âme individuelle que sera jugé l'enseignement de l'instructeur mondial.

La Terre devra s'aligner avec les autres planètes sous une gouvernance divine, car ce qui doit prévaloir sur Terre, c'est ce qui fait tourner chaque atome à l'intérieur de sa sphère, en harmonie totale avec le reste de la Création.

Reconstruire la société humaine : retour au sein de la Terre

Nous avons fait référence dans le chapitre précédent à l'accélération de la Terre qui augmente pour reprendre son cheminement évolutif. En tant qu'habitants de la Terre, nous sommes entraînés dans cette vague d'accélération et sommes obligés de choisir : évoluer avec la Terre ou la quitter. Ceux qui resteront sur Terre après l'Armageddon auront choisi de rester, évoluant avec la Terre vers une plus puissante lumière. Nombreux seront ceux qui choisiront de ne pas rester et de passer à d'autres évolutions dans l'univers.

Puisque le Logos Planétaire, l'esprit qui habite le cœur de la Terre, aura évolué le long de son cheminement, ceux qui resteront sur Terre trouveront bon nombre de réponses à leur recherche évolutive individuelle. Il y aura moins d'emphase sur les régions urbaines et un retour à la terre. Selon un des Frères, les gens gratteront la terre avec leurs pieds pour y trouver la sagesse des anciens temps. Pendant la grande dépression économique de l'Armageddon, la pénurie de nourriture encouragera les gens des villes à aller chercher des provisions plus stables à la campagne. Plus de gens reprendront l'agriculture et le jardinage pour suppléer aux repas et leurs enfants reprendront un dur mais satisfaisant labeur pour cultiver la nourriture. Cette tendance ramènera les gens en contact avec la Terre et les rapprochera de leur salut. Les tours des villes ne détiennent pas la réponse à la libération de l'âme de l'homme.

Ce que la Terre nous aidera en partie à comprendre c'est que TOUTES les religions soi-disant ethniques sont valables car la Grande Fraternité de Lumière a placé des dieux et des déesses à différents endroits dans le monde pour des raisons bien particulières – afin de communiquer la sagesse ancienne aux résidents de ces endroits de façon qu'ils puissent la comprendre. Depuis des siècles, des religions plus agressives, principalement le christianisme et l'islam, repris par les Forces des ténèbres, ont systématiquement détruit ces dieux et déesses pour imposer leur marque de croyances aux autres. TOUTES les religions et croyances ethniques seront renouvelées et permettront à l'homme de reprendre contact avec la Terre. Après un certain temps, ils se rendront compte que ces croyances ethniques sont effectivement toutes parvenues de la même source, Dieu tout puissant.

Sur la dimension spirituelle, il y a actuellement un comité d'anciens leaders religieux qui s'acharne à unifier les écritures des différentes religions de façon à ce que TOUTES les religions et croyances deviennent UNE religion mondiale, enseignée par l'instructeur mondial. Le plus l'homme examine la Terre, le plus il se rendra compte qu'il n'y a qu'UNE religion.

Les villes ne domineront plus

De nombreuses grandes villes devenues des centres financiers mondiaux deviendront beaucoup plus petites et perdront de leur influence. Des régions économiques secondaires telles que le Canada et l'Amérique du Sud connaîtront un essor comme centres d'apprentissage, de culture et d'arts et mèneront le monde vers la reconstruction. Les gens ne seront plus obligés de venir en ville chercher des opportunités car ce qu'ils chercheront sera disponible chez eux par l'entremise plus avancée de l'Internet. Ils ne devront plus vivre dans les centres urbains pour survivre et ils seront tous libres de choisir où ils veulent vivre.

Les communautés réuniront leurs efforts pour la reconstruction. La destruction de l'Armageddon sera très sélective et orientée sur ce qui n'aura pas servi à l'homme. Tout ce qui est utile survivra. La présence prépondérante du gouvernement n'existera plus car elle se sera effritée par le manque de revenu d'impôt et le manque à gagner en intérêt. Les gens choisiront d'établir des groupes locaux autogérés, et à leur grande surprise, trouveront qu'ils peuvent très bien vivre sans la structure écrasante d'un niveau de gouvernement supérieur. Ils se rendront compte que leurs gouvernements faisaient très peu pour les aider, hormis de les surtaxer et de les démunir de ressources pour des activités non productives. Une des caractéristiques de la période de reconstruction sera justement l'absence du fardeau que représentaient les gouvernements par leur soif insatiable.

Alors qui maintiendra la paix? Pendant la période de reconstruction, la Terre se sera débarrassée de ces éléments qui auront créé tant de confusion et de conflit nécessitant une énorme structure de police et de défense nationale qui domine les dépenses gouvernementales. Ces éléments disparus, la police et l'armée seront des reliques d'un ancien temps et les gens agiront selon les principes. Ce sera le retour du principe de l'homme-shérif.

Les communautés reconnaîtront le besoin d'entretenir des services essentiels, le transport, les communications ainsi qu'une infrastructure d'enseignement dans les régions locales; elles coordonneront et communiqueront entre elles. En ce qui concerne les infrastructures nationales qui survivront, tel que les grandes autoroutes et les lignes maritimes et aéronautiques, les communautés auront à décider si celles-ci sont effectivement nécessaires à la libération ultime de l'âme. L'importance de la commercialisation dépendra ultimement de l'orientation que l'homme veut lui prêter, un choix qu'il devra faire à nouveau. Aura-t-on besoin de transporter des milliers de containers de marchandises tel que nous le faisons maintenant ou serons-nous capables de manifester ce qu'il nous faudra en utilisant les habiletés données par Dieu? Et-ce que nous nous déplacerons à nouveau dans ces grands engins de transport tel les trains, les avions ou les navires ou pourrons-nous développer nos habiletés innées d'apparaître là où nous voulons être par le transport astral? Voilà les choix stupéfiants auxquels nous devrons faire face d'ici le nouvel âge.

Hypothèse de structure de groupe

Voilà plusieurs siècles que la communication avec les soi-disant « morts » sur la dimension astrale nous donne un aperçu de ce que pourrait être l'organisation de la vie sur Terre. Les témoignages de ceux qui ont quitté leur corps mais qui résident en un espace physique plus raffiné (éthérique), invisible aux cinq sens, nous dévoile un style de vie sans dur labeur pour payer le prochain loyer ou pour nourrir les enfants. Ces indices nous permettent d'imaginer un style de vie où il suffit de s'imaginer une maison Tudor dans laquelle habiter, et voilà; ou de passer l'après-midi au thé, et voilà, etc.

L'ensemble des hommes n'atteindra peut-être pas ce stade de développement mais une telle évolution spirituelle est possible. La rééducation de l'homme réorientera sa façon de voir et ses objectifs vers des habiletés innées générées par le Dieu intérieur. L'homme choisira de nouveaux modèles pour remplacer le fumeur « Marlboro », les chanteurs rock ou les magnats. Les Maîtres de Sagesse de la Grande Fraternité de Lumière serviront d'exemples de ce que l'homme peut atteindre sur la planète Terre.

Toutes les institutions qui ne servent pas l'intérêt de l'homme seront détruites pendant la période de l'Armageddon. Selon la loi élémentaire cosmique, la loi d'attraction, ceux qui partagent la même vibration se réuniront pour former des groupes extrêmement diversifiés et répandus mais ils affirmeront tous une seule et unique source, Dieu. Les individus seront presque immédiatement mis en contact, de manière très naturelle, avec les personnes les plus compatibles. L'ensemble complexe des grandes idées de Dieu est encore au-delà du raisonnement limité de l'homme, cependant les groupes qui formeront la société humaine reflèteront la multiplicité de l'Esprit de Dieu qui fera ressortir toute la richesse de la Création.

Puisque c'est le taux vibratoire de l'âme qui attire les individus les uns aux autres, il n'y aura pas de conflit à l'intérieur des groupes. Non seulement le taux vibratoire de chaque groupe sera-t-il en harmonie mais leur mission particulière, selon la volonté de Dieu, sera aussi synchronisée au taux vibratoire. Chaque personne et chaque groupe sera imprégné de la mission divine au fur et à mesure que le nouvel enseignement de l'Instructeur Mondial inondera la conscience collective de l'homme. Ceux qui résisteront à ces tendances devront changer de planète.

Résidu de résistance humaine

D'ici l'an 2012, ayant intégré les énergies féminine et masculine bien équilibrées, s'étant alignée avec la Terre, la masse critique des âmes bonnes et innocentes permettra à l'homme de reconstruire sur Terre. L'homme ne comprendra pas nécessairement mieux les grands principes après 2012 qu'il ne les comprenait juste avant le grand « POP! ». La grande différence sera l'absence des Forces des ténèbres qui ont rendu la vie si difficile en tout.

Ceci ne veut pas dire qu'au moment de la reconstruction, tout le monde sera d'accord les uns avec les autres. De même que la structure hiérarchique est basée sur le développement spirituel de l'individu, il existera des différences d'intelligence et de compréhension. Ces différends ne se traduiront pas en domination de l'un par l'autre. Les discussions concernant les politiques ou les décisions communautaires prendront une saveur différente, une saveur positive, constructive, où chacun contribue d'un aspect à l'élaboration d'une politique; contrairement à l'atmosphère de sabotage, de jeux politiques qui caractérisent si bien le processus politique actuel.

Dans cette nouvelle atmosphère, chacun devra encore faire face à ses forces et à ses faiblesses personnelles. Il ne pourra plus mettre la responsabilité sur le dos d'un autre et l'attribuer à des circonstances peu favorables. Les nouvelles conditions encourageront sa croissance spirituelle, S'il choisit cette voie. Le principe de libre arbitre sera toujours de rigueur mais les choix seront plus subtils. Fini les manipulations d'esprit, terminée la logique biscornue pour le bien et le mal, finies les influences néfastes qui confondent l'homme. La seule confusion qui demeurera sera celle de son for intérieur; s'il écoute son âme, le droit chemin sera évident.

Une des étapes principales dans les premières phases de la reconstruction sera donc de rééduquer l'homme à écouter son for intérieur, de se tourner vers son âme et d'explorer l'espace intérieur, l'essentiel même de toutes choses.

Changements transitoires

Les vestiges de notre monde actuel seront supprimés progressivement. Adviendra le temps ou argent, banque et économie n'existeront plus tels que nous les connaissons aujourd'hui. Au fur et à mesure que progresse la libération de l'âme, l'homme apprendra comment rencontrer ses besoins mentalement. Il pourra faire appel à la Volonté de Dieu pour rencontrer ses besoins; telle que la dimension éthérique survole la dimension physique. Si une âme désire une maison en particulier, elle pourra « vouloir » son existence. Si par contre une autre préfère vivre sous les étoiles, c'est son choix. La liberté ultime s'exprime quand l'âme individuelle peut vraiment faire ce qu'elle veut sans faire de tort à ses voisins.

Une organisation aussi libre que celle-ci ne peut exister qu'aux dimensions matérielles plus élevées, tel que la dimension éthérique. L'homme redécouvrira cette vision éthérique et l'habileté de prospérer sur ce plan tandis que les vestiges des institutions denses du monde physique auront à répondre à ses besoins. Ayant éliminé les conflits et les contraintes inhérents à la présence des Forces des ténèbres, l'homme connaîtra une accélération et une précision sans précédent dans son évolution.

Résolution à la faim

Conformément à l'évolution de la Terre vers un cycle plus élevé, les conditions atmosphériques favoriseront des récoltes exceptionnelles pendant la période de reconstruction. La nourriture poussera abondamment sur la planète entière de façon à ce que personne ne prenne le contrôle de la production de nourriture et ne l'utilise comme outil d'influence. Une production agricole dispersée également fournira de la nourriture à toutes les communautés locales de manière à ce qu'une région ne dépende pas d'une autre pour sa survie. L'objectif d'autosuffisance en nourriture, si désirée par tous, sera atteint.

Fini le ventre vide car la faim n'était qu'un moyen de contrôle, un moyen d'opprimer certaines régions du monde, de concentrer la richesse dans certaines régions pour une exploitation plus complète. Au fur et à mesure qu'avancera la reconstruction, des changements géologiques sur Terre donneront lieu à de nouvelles terres agricoles arables en Amérique du Sud, au Canada et dans certains déserts actuels. De grandes étendues de terres fertiles vierges, tenues en fiducie pendant ces années de remous, seront disponibles pour la culture domestique et industrielle.

Pouvez-vous imaginer la culture agricole sans avoir recours aux pesticides ou aux fertilisants? Voilà ce qui nous attend sous les calottes de glaces, dans les déserts et dans les jungles d'aujourd'hui. Ces régions joueront un rôle prédominant pendant la période de reconstruction.

Le système bancaire

Pendant la période de reconstruction le système bancaire connaîtra un déclin rapide suite à l'effondrement des tours d'iniquité; cependant, l'infrastructure de leur système de distribution, voire le mouvement électronique des fonds, sera préservé pour un certain temps. Des adeptes spirituels experts géreront ce système bancaire pendant la période de reconstruction.

À la fin de l'Armageddon et au début de la période de reconstruction, les gens auront établi un système de troc pour compenser l'effondrement des devises. L'énergie de l'argent étant entreposée à divers endroits dans le monde, surtout sous forme d'or, sera distribuée par l'infrastructure des banques. Il restera des vestiges de monnaie en billet durant une courte période transitoire; ceux-ci pourront être échangés contre des unités d'or. Chacun recevra une part égale afin d'acheter l'essentiel non disponible en troc.

Un nouveau système monétaire sera parmi les premiers ordres du jour pendant la période de reconstruction. La déflation générale économique suite à l'Armageddon devrait réduire la valeur des biens et des services au plus petit dénominateur commun. À ce moment-là, l'or redeviendra l'étalon pour établir la valeur monétaire des devises d'une manière définitive.

Le libre échange mondial des biens et des services peut avoir lieu s'il existe une devise mondiale reliée à une valeur commune, telle que l'or.

Période de Reconstruction

Pertinence des beaux-arts

Les arts, la musique et les sciences fleuriront; les formes tordues seront abandonnées. Inspirons-nous de l'ordre dans la nature. Voilà le modèle pour l'avenir des arts et des sciences. Les formes et les sons s'élèveront au fur et à mesure que la Terre évolue spirituellement. Une nouvelle ouverture aux énergies des autres planètes animera une certaine richesse cosmique des arts et des sciences; de ce fait, les arts calmeront et tranquilliseront la psyché de l'homme lui permettant d'escalader l'échelle de l'évolution de la manière la plus intelligente. En science, de nouvelles découvertes, de nouvelles avenues permettront une vie physique plus aisée.

Changements géologiques

Les changements géologiques ont déjà commencé. On nous dit de surveiller le niveau des océans, on anticipe qu'il va monter et, ainsi, inonder les régions basses. Ces changements affecteront bon nombre de grands centres urbains qui sont situés le long des ports et des voies navigables. Est-ce une coïncidence que la plupart des grands centres financiers du monde sont situés dans ces régions? Tout effort à préserver le statu quo des conditions atmosphériques sera en vain car, vu l'accélération actuelle de l'évolution de la Terre, de plus en plus d'énergie atteint le plan terrestre. La même énergie qui cause la folie actuelle affectera aussi profondément l'atmosphère et la géographie de la Terre.

Les glaces du pôle nord et du pôle sud commenceront à fondre à un rythme plus accéléré ayant comme conséquence de changer la forme ovale de la Terre en une forme plus sphérique. Ceci entraînera un déplacement de l'axe qui aura des conséquences sur la géographie actuelle du monde. De nombreuses régions basses seront inondées et d'anciennes mers qui existaient par exemple dans le Sahara, le Gobi et la Vallée de la Mort se rempliront à nouveau. Ceci aura un impact considérable sur le climat environnant et dévoilera de grandes terres arables pour l'agriculture de l'avenir. Le rapport terre et eau ne sera plus ce qu'il est aujourd'hui. Ces changements auront lieu dans les décennies à venir et seront terminés pour le début de l'Âge du Verseau.

Post-scriptum

Toute chose est vraiment pour le mieux. Dissiper le mythe que l'Armageddon est à éviter ou à craindre est comprendre le grand bien que le Créateur a toujours accordé à ses Créatures. Comment pourrions-nous inviter l'Âge d'Or sans d'abord purger de la Terre tout ce qui est ignorant et dans la noirceur? Allons donc de l'avant avec courage et détermination, parés à supporter le remous des années à venir, sachant que l'Armageddon permettra ultimement à notre monde d'être plus équilibré et parfait.

La suite de ce livre paraîtra bientôt pour offrir des conseils supplémentaires afin de savoir comment faire face à la dernière phase de l'Armageddon. Il offrira matière à réflexion pour la préparation de la période de reconstruction, d'une importance vitale; les choix que feront les hommes à ce moment-là détermineront son avenir dans l'Âge du Verseau.

www.ingramcontent.com/pod-product-compliance
Lightning Source LLC
Chambersburg PA
CBHW061310110426
42742CB00012BA/2124